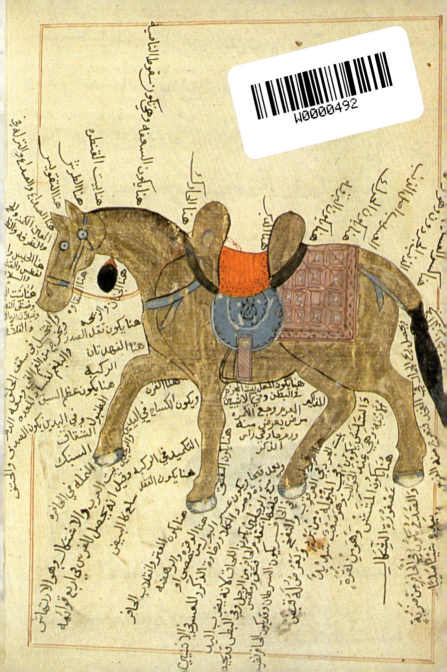

هنا الخنان والربخة

هنا اللبان وهو الصدر وهنا يكون ثقل الصدر

هنا الفهدتان وفيها يظهر الحمرو ويعرض له الحرة

الركبة الصفر من شدة الحر او الحرك هنا يكون عظم الساق

الطبول وفي اليدين الصدف والحنف السنباك السنبك

يكون القرن التكبيد في البين

هنا يكون الفتل وهنا يكون الكبر

هنا يكون القرر وانقلاب الحافر

هنا يكون الوقرة وارهفن هنا يكون التثني

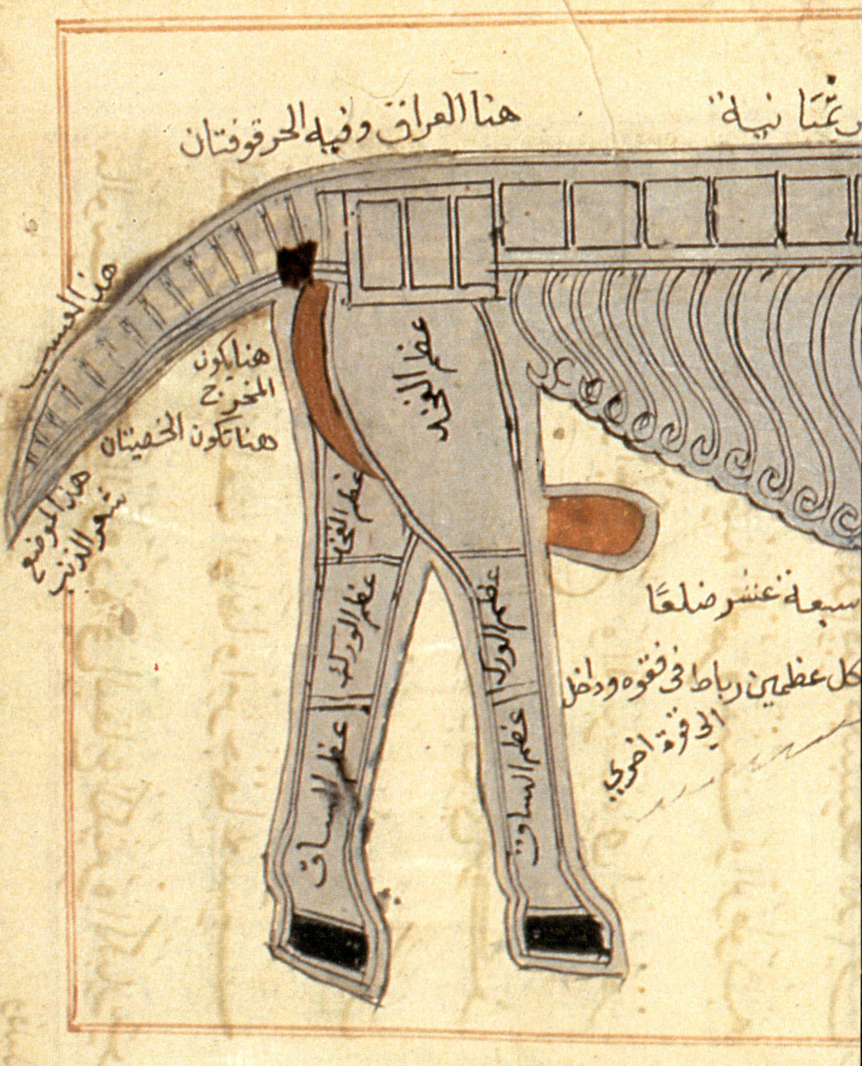
هنا العراق وفيه الحرقوفتان
هذا العسيب
هنا يكون المخرج
هنا تكون الخصيتان
هذا الموضع شعر الذنب
عظم الفخذ
عظم الفخذ
عظم الورك
عظم الورك
عظم الساق
عظم الساق
سبعة عشر ضلعا
كل عظمين رباط في قوة ودخل
الى قوة اخرى

وجيه وأجود ما يكون من الدواء لهذه العلة أن خرق العذرة
بخيّاشة وينظر ما هاد دهنها ثم يسقيه من دهن المحرّق قدر
نصف رطل و يغسل بخل مسخّنا ويدهن حواليّ جعاه بدهن المشتقط
إن أصابها فما تمكث ساعة إلى أن تخرج حتّى والسلام وهذه صفته

مرض خطر فإذا حصل لدابة ليس لها كالقتل والسلام
وهذه صورة الفرس الكلب والكلب فاحذره إن شاء
الله تعالى

D octeur en ethnologie et directeur de recherche au CNRS, où il a dirigé jusqu'en 1993 le laboratoire de Sciences sociales du monde iranien contemporain, Jean-Pierre Digard partage ses activités de chercheur entre l'ethnologie de l'Iran et l'anthropologie de la domestication animale dont il a posé les bases dans son livre *L'Homme et les animaux domestiques. Anthropologie d'une passion* (Fayard, 1990). Ayant appris l'équitation en même temps que le persan pour aller étudier les nomades Bakhtyâri d'Iran, il s'est découvert pour le cheval un intérêt qui a vite dépassé la simple nécessité professionnelle.

*A Karine Béray,
en souvenir de son père*

*Tous droits de traduction
et d'adaptation réservés
pour tous pays
© Gallimard 1994
Dépôt légal : novembre 1994
Numéro d'édition : 55795
ISBN : 2-07-053205-4
Imprimerie Kapp Lahure
Jombart, à Evreux*

LE CHEVAL,
FORCE DE L'HOMME

Jean-Pierre Digard

DÉCOUVERTES GALLIMARD
HISTOIRES NATURELLES

Tarpan, cheval de Przewalski ou couagga, les derniers chevaux sauvages ont été détruits par l'homme. Mais les chevaux domestiques échappent à leurs maîtres et retournent s'ensauvager dans les prairies ou les steppes ; mustangs, cimarrónes ou brumbies regagnent ici ce que leurs cousins ont perdu là-bas.

CHAPITRE PREMIER
CHEVAUX SAUVAGES ET CHEVAUX ENSAUVAGÉS

Les chevaux *kabardin* des montagnes du nord du Caucase (page de gauche) ont conservé, grâce à leur élevage en liberté, certaines des qualités de leurs ancêtres sauvages : rusticité, sobriété, calme face au danger, sûreté de pied dans les terrains difficiles, et dureté de la corne de leurs sabots, à tel point qu'il est superflu de les ferrer.

Fossiles vivants

Les derniers vrais chevaux sauvages furent asiatiques. Le tarpan (*tarpang* en kirghiz : «cheval qui court de façon désordonnée»), a été observé en Ukraine et décrit en 1770 par le naturaliste allemand J. F. Gmelin. On n'en connaît qu'un seul squelette complet, dans les collections russes. C'était un petit cheval de 1,35 mètre au garrot, au chanfrein concave, à la crinière dressée, au poil dru, de couleur gris souris, virant au blanc en hiver, avec les extrémités noires – nez, crinière, queue et pattes en dessous du genou et du jarret.

L'autre dernier cheval sauvage fut le cheval de Przewalski (ou *taki*, son nom en mongol classique *khalkha*). Plus trapu que le précédent, il a le chanfrein busqué et la robe isabelle, blanche sur le ventre et le nez, noire aux extrémités. Découvert en 1876 en Dzoungarie, région semi-désertique de Mongolie, par Nicolaï Mikhaïlovitch Przewalski, officier russe et explorateur, il fut décimé au XXe siècle. Hagenbeck, fils du fondateur d'un célèbre cirque de Hambourg, captura en 1901 une cinquantaine de ces animaux. Les vingt-huit qui parvinrent en Europe alimentèrent divers zoos, et formèrent la souche à partir de laquelle fut sauvegardée l'espèce, disparue de son habitat naturel.

Le cheval de Przewalski, ancêtre du cheval domestique ?

La dépouille et le crâne de l'un des animaux découverts en Dzoungarie, rapportés par Przewalski à Saint-Pétersbourg, nourrirent toute une polémique : se trouvait-on en présence

Le tarpan, ici reconstitué (en haut), et le cheval de Przewalski (en bas) ressemblent aux chevaux préhistoriques : petite taille, corps massif, toison abondante, crinière dressée. Caractères dus en fait au milieu (climat froid, alimentation exclusivement herbeuse) beaucoup plus qu'à une parenté trop éloignée.

d'un hémione, équidé asiatique qui tient de l'âne et du cheval, ou d'un authentique cheval ? Le naturaliste Poljakoff tranche en 1881, au terme d'une minutieuse analyse, en faveur du cheval. Une autre controverse se développe alors : le cheval de Przewalski avait-il été domestiqué ? Etait-il l'ancêtre – ou l'un des ancêtres – du cheval domestique ?

A la fin du XIXe siècle – et parfois encore aujourd'hui –, on divise les chevaux domestiques en deux grands groupes avec chacun un ancêtre distinct : un groupe occidental, à «sang froid» (sic), issu de poneys européens – on pensait aux chevaux de Solutré –, et un groupe oriental, à «sang chaud», descendant du tarpan. Aujourd'hui, même si l'on n'exclut pas une pluralité des foyers de domestication, on penche plutôt pour l'origine unique des chevaux domestiques, à partir du cheval de Przewalski ou de formes voisines datant du pléistocène.

La fin des «vrais» chevaux sauvages

Tragique corollaire de la domestication, les hommes, mus peut-être par un désir de revanche sur la nature, se sont acharnés à détruire les équidés qu'ils n'avaient pas pu ou pas voulu s'approprier.

Contrairement au cheval de Przewalski, sauvé *in extremis* grâce aux parcs et aux réserves zoologiques, le tarpan, dont les troupeaux restèrent communs dans les plaines d'Europe orientale jusqu'à la fin du XVIIIe siècle, est impitoyablement pourchassé au XIXe siècle par les paysans qui voient en lui un prédateur des récoltes, et par les éleveurs de chevaux domestiques qui l'accusent d'être un «voleur de juments». Le dernier tarpan sauvage aurait été abattu en Ukraine vers 1880, et un ultime spécimen serait mort en captivité en 1918.

A la même époque – vers 1858-1859 et définitivement, semble-t-il, à partir

Né en 1839 près de Smolensk, Przewalski (assis à droite), officier de l'armée russe, mène ses premières explorations dans le bassin de l'Ossouri en 1867-1869. Après la conquête de l'Asie centrale, on lui confie la direction de quatre grandes missions d'exploration : Mongolie orientale en 1871, désert de Gobi et Altaï en 1876 – où il découvre le cheval qui porte son nom –, Tibet en direction de Lhassa en 1879, Tibet oriental et région des sources du fleuve Jaune en 1883-1884. Il s'apprêtait à repartir vers le Tibet lorsqu'il mourut en 1888 à Karakul, rebaptisée Przewalsk sur ordre du tsar. De ses expéditions, il rapporta d'impressionnantes collections minéralogiques, botaniques et zoologiques.

de 1883 – et dans des conditions comparables, mais en Afrique australe, disparaît le couagga. Ce petit Equidé était peu farouche et se joignait fréquemment aux troupeaux de chevaux domestiques, auxquels il donnait l'alerte quand des carnivores approchaient. Très robuste, il était en outre résistant à la plupart des maladies qui décimaient le cheptel originaire d'Europe. Pourtant, l'idée ne vint pas aux Boers et aux colons anglais d'essayer de tirer parti des qualités du couagga. Bien au contraire, ils n'eurent de cesse d'exterminer cette «vermine», ce «parasite» des troupeaux. On ne s'explique pas cette incroyable hostilité autrement que par l'attachement des colons au système de valeurs et de critères des fermiers européens, système auquel le «sauvage» couagga était trop étranger pour mériter ne serait-ce que l'essai d'une domestication.

Comme le tarpan des steppes eurasiatiques, le couagga d'Afrique australe (en haut, à gauche) dut sa perte à l'hostilité des hommes. Son seul tort était d'avoir une allure de zèbre qui l'assimilait aux animaux sauvages, donc nuisibles aux yeux des colons européens. La tendance à classer les animaux en espèces sauvages, nuisibles ou dangereuses, et espèces domestiques, utiles ou inoffensives, est malheureusement loin d'avoir disparu.

1493 : douze étalons et quelques juments découvrent l'Amérique

Près de douze mille ans après que leurs ancêtres l'eurent quittée pour l'Asie, les chevaux, apportés par les Européens qui la découvrent, retrouvent l'Amérique. L'arrivée en masse de ces animaux allait presque autant bouleverser le Nouveau Monde que celle de leurs maîtres.

Colomb, à son arrivée aux «Indes», est déconcerté de n'y point trouver de montures. Aussi comble-t-il cette lacune en faisant embarquer sur les caravelles de sa deuxième expédition une douzaine d'étalons et quelques juments, qui furent les premiers chevaux à fouler, en décembre 1493, le sol d'Hispaniola (Saint-Domingue).

D'autres arrivages directs de chevaux ibériques eurent lieu par la suite, non seulement à Hispaniola, mais au Panamá en 1514, au Brésil en 1531, en Argentine en 1535... Les traversées de l'Atlantique occasionnent souvent de lourdes pertes, ainsi qu'en témoignent ces «latitudes des chevaux», nom donné aux points du parcours où l'on devait commencer à jeter des animaux par-dessus bord s'il devenait nécessaire d'économiser les réserves d'eau douce.

Entre temps, l'élevage des chevaux *criollos* – «créoles», c'est-à-dire nés sur place – se developpe heureusement et se propage à une vitesse incroyable, partout où les animaux trouvent des

Pour remédier à l'absence d'animaux de bât et de selle aux Amériques, les Espagnols importèrent des chevaux européens. Il faut à un cheval de selle pesant 400 kilos 20 kilos de foin et 30 litres d'eau par jour. L'entretien des douze étalons (on ne montait alors que des chevaux entiers) et des quelques juments (réservées à la reproduction) de la deuxième expédition de Colomb a donc exigé, pour une traversée d'environ un mois, des réserves de nourriture au moins égales à 12 tonnes de fourrage et à 18 tonnes d'eau.

conditions acceptables. Le cheval pénètre ainsi au Mexique en 1524, au Pérou en 1532, en Floride en 1538.

Retour à la vie sauvage : le marronnage

Mais cet élevage florissant est souvent mal contrôlé. L'excellente adaptation des chevaux au milieu naturel local – pampas argentines, campos brésiliens, llanos de l'Orénoque... – et l'élevage extensif pratiqué dans d'immenses estancias, haciendas et rancherias font que les conquistadores se montrent très vite débordés par le nombre de leurs animaux, qui commencent bientôt à leur échapper en grand nombre.

Point culminant dans cette hémorragie, les grandes révoltes indiennes de la fin du XVIe siècle : les vols et

« Il y eut [en Amérique] des millions de bêtes bien avant qu'il y apparût un seul établissement européen : la première occupation fut souvent réalisée d'abord par les troupeaux. [...] Aussi existait-il une quantité de dénominations pour désigner ces bêtes plus ou moins sauvages : on distinguait le bétail *cimarrón* ou *chimarrão*, c'est-à-dire sans propriétaire et sans marque, le bétail *alzado* ou *alçado*, qui a perdu sa domestication mais conservé cependant une marque, le bétail *teatino*, qui est domestiqué et marqué mais dont on ne sait qui est propriétaire, le bétail *chucro*, qui n'a jamais été domestiqué ; le bétail *brabeza* était celui qui vivait complètement sauvage, caché dans les forêts. »
L'Introduction du bétail en Amérique Latine, P. Deffontaines, 1957.

Les aquarelles du père jésuite Florian Paucke sont une mine d'informations sur la vie au XVIIIe siècle dans les terres conquises en Amérique par les Espagnols. L'élevage y constituait l'activité dominante. L'élevage équin passait bien souvent par la redomestication de chevaux «marrons» et, d'abord, par leur capture au moyen de techniques de chasse, comme le *coraling* (ci-dessus) : des cavaliers armés de bolas, sorte de lasso lesté de pierres, poussent un troupeau dans une

les disparitions de bétail se multiplient, de nombreuses estancias sont abandonnées par leurs occupants, les chevaux retournent à la vie sauvage par troupeaux entiers. Plus tard, au XVIIIe siècle, dans le nord du Mexique, les troupes espagnoles appelées à combattre les Indiens du Sonora se déplacent avec tellement de chevaux – six à dix par cavalier – qu'elles arrivent à peine à les contrôler, et perdent ainsi leur mobilité et leur efficacité. L'Amérique du Nord est le théâtre de phénomènes analogues à partir de 1598, date à laquelle ont lieu les premiers retours massifs de chevaux à la vie sauvage.

Ces chevaux sont qualifiés de «marrons» (de l'hispano-américain *cimarrón*, «esclave noir fugitif») ou de «mustangs» (de *mestengo*, «sans maître, vagabond»).

structure en entonnoir conduisant à un enclos circulaire (*coral*) où les chevaux pourront être enfermés.

Les mustangs : «symboles vivants de l'esprit pionnier et de l'histoire de l'Ouest»

Entretenu par les vicissitudes de la colonisation de l'Ouest américain, par les conflits incessants entre et avec les tribus indiennes, par la guerre de Sécession, le marronnage reste endémique aux Etats-Unis jusqu'à la fin du XIXe siècle. Evalués dans ce pays à plusieurs millions en 1800 et à deux millions en 1900, les mustangs sont encore dix-sept mille en

1971, date à laquelle une loi est promulguée pour protéger ces «symboles vivants de l'esprit pionnier et de l'histoire de l'Ouest». Conséquence : quarante mille animaux coûtent dix-sept millions de dollars aux contribuables américains en entretien de corrals fédéraux et en dédommagement des dégâts qu'ils causent. Les mustangs prospèrent à nouveau dans les plaines.

Quand l'ensauvagement est cultivé

Il existe aussi des chevaux dont l'état «sauvage» n'est pas associé à la «vermine». Et pour cause : ici, à la différence du marronnage, l'ensauvagement est savamment entretenu, à des fins diverses.

Pour les protéger, comme chez certains Indiens des plaines d'Amérique du Nord qui ne dressaient qu'à moitié leurs chevaux pour que leur vol soit rendu plus difficile.

Pour mieux étudier l'éthologie et l'écologie de chevaux livrés à eux-mêmes dans des environnements naturels contraignants, comme au Canada à Sable Island, aux Etats-Unis dans le Grand Canyon, dans le Red Desert et à Assateague Island, en France à la station biologique de la Tour-du-Valat, en Camargue.

Enfin, pour préserver une identité culturelle : c'est donc le cas des mustangs américains, mais aussi

SAUVAGES OU DOMESTIQUES ? 21

celui des pottocks, poneys du Pays basque dont l'élevage traditionnel offre un exemple particulièrement significatif de maintien d'un équilibre entre état sauvage et état domestique.

Le pottock : un élevage à la dure

Encore actif dans les Pyrénées occidentales, cet élevage s'exerce dans le sens d'une sauvegarde de l'état sauvage : les pottocks ne reçoivent jamais de noms individuels ; leur sélection privilégie la «dureté» et la méfiance vis-à-vis de l'homme ; enfin, le prélèvement des jeunes et des bêtes de réforme, qui s'effectue collectivement, par encerclement et capture au lasso, s'apparente de façon flagrante aux techniques de chasse en battue.

La conquête de l'Ouest – grande période d'insécurité, avec ses attaques de convois, l'établissement de colons et les guerres avec les Indiens – occasionna également un grand nombre de retours de chevaux à la vie sauvage dont les mustangs d'aujourd'hui (en haut, ci-contre) sont les descendants.

De multiples indices invitent à voir en lui une forme relictuelle de l'ancien système d'élevage du cheval, «en forêt» ou dans les landes rocailleuses, marécageuses ou halophiles, tel qu'il s'est pratiqué, à défaut d'autres productions, dans presque toutes les régions pauvres de France jusqu'au XVIIIe siècle. A ce titre, le pottock représente incontestablement pour ses éleveurs un emblème de la singularité de la culture basque dans l'Hexagone.

L'abominable histoire des brumbies d'Australie

Tous les chevaux marrons ne bénéficient pas de la même mansuétude, les brumbies d'Australie en savent quelque chose. Ils descendent des chevaux importés par les colons anglais au XVIIIe siècle. Leurs maîtres, sans doute abusés par l'immensité des espaces australiens, crurent pouvoir les abandonner dans la nature lorsqu'ils ne s'en servaient plus. Ces chevaux – ainsi que d'autres animaux marrons (dromadaires, buffles, ânes, lapins, etc.), relâchés avec la même inconséquence – se sont reproduits librement, au point de constituer, dans un pays régulièrement éprouvé par de longues sécheresses pluriannuelles, une menace pour la végétation naturelle et une concurrence alimentaire pour les troupeaux domestiques. Un rapport parlementaire australien de 1991 estime en effet le nombre des chevaux marrons à six cent mille. Pour régler ce problème, les Australiens n'ont rien trouvé de mieux que de massacrer régulièrement les brumbies à coups de fusil, à partir d'hélicoptères, scènes dont le spectacle télévisé émeut périodiquement l'opinion occidentale.

La Camargue est célèbre pour ses manades de chevaux (ci-contre) vivant en liberté dans les marais du delta du Rhône. Les camargues sont blancs – en fait «gris», car il n'y a pas de chevaux blancs. Il s'agit bien de chevaux, malgré leur taille identique à celle des poneys doubles, qui ne dépassent pas 1,49 m au garrot.

Les pottocks du Pays basque (ci-contre) «rapportent peu mais ne demandent rien». On les capture au lasso après encerclement ; l'opération est désignée par le mot basque *biltzea*, qui signifie à la fois «cueillir», «ramasser» et «se réunir».

Les brumbies (ci-dessus) sont à l'Australie ce que les mustangs sont à l'Amérique du Nord. Les colonisateurs de l'Australie (où les seuls grands animaux indigènes étaient les kangourous et les dingos) avaient introduit de nombreux chevaux, qui furent ensuite abandonnés au profit de l'automobile.

Trois mille cinq cents ans avant notre ère, dans le sud de l'Ukraine, a lieu la première domestication du cheval. Presque trois millénaires après celles du bœuf, du mouton et du porc, et près de six millénaires après celle du chien : le cheval a longtemps résisté à l'homme.

CHAPITRE II
UNE DOMESTICATION TARDIVE

Attelage d'outre-tombe, deux chevaux sont ensevelis avec le char de leur maître dans une sépulture chinoise de la fin de la dynastie Shan (XIIe-XIe siècles av. J.-C.) découverte près d'Anyang (à gauche). Les Grecs assimilaient les Barbares aux fauves et leur soumission au dressage (ci-contre)

La légende de Solutré

Des chevaux sauvages furent-ils précipités par des chasseurs préhistoriques du haut de la falaise de Solutré, comme semble en témoigner l'important gisement d'ossements découvert au pied de la roche? Certes les hommes de Solutré tuaient bien des chevaux pour les manger; mais cette chasse se déroulait au bas de la falaise et avec des armes plus élaborées. La légende a pour origine non les écrits scientifiques d'Adrien Arcelin, découvreur du site en 1866, dans lesquels il n'est jamais fait mention de chasse au précipice, mais un roman préhistorique du même auteur publié en 1872. Le roman l'a emporté sur la science.

Recherché pour sa viande durant tout le paléolithique, le cheval est peu à peu devenu, au néolithique, l'objet d'une «chasse sélective» limitée à certains individus – technique qui contenait déjà des principes d'élimination des animaux défectueux, des juments trop âgées, des étalons superflus pour la reproduction.

De la chasse à la domestication

Mais la domestication n'était pas acquise pour autant. Par domestication, il faut entendre l'action que l'homme exerce en permanence sur les animaux qu'il possède, ne serait-ce qu'en les élevant.

Cette action humaine peut s'exercer dans trois domaines : la protection des animaux (contre les prédateurs, les intempéries…), leur alimentation et leur reproduction – à la fois en tant qu'individus et en tant qu'espèces. La domestication ultime est atteinte quand ces trois besoins vitaux des animaux ne peuvent être satisfaits sans intervention humaine.

L'homme prend alors le pouvoir sur l'animal : en le

protégeant, il le garde ; en le nourrissant, il l'apprivoise ; en le reproduisant, il le sélectionne, le croise, le modifie. Il crée ainsi des rapports de domination, de séduction, qui ne sont guère différents de ceux qu'il entretient avec ses semblables. Le désir d'appropriation de la nature et des êtres constitue d'ailleurs la motivation profonde de la domestication. D'où les sentiments passionnés que les animaux domestiques inspirent si souvent aux hommes, citadins modernes aussi bien que paysans ou pasteurs nomades.

Là où les chevaux sont élevés dans des conditions proches de leur état naturel, c'est-à-dire en troupeaux vaquant librement sur d'immenses étendues herbeuses, les techniques de dressage, par capture et épuisement de l'animal (ci-dessous au XIXe siècle chez les gauchos de la Plata en Argentine) évoquent celles des premiers utilisateurs du cheval. (A gauche, une scène de chasse fictive à Solutré.)

Pourquoi le cheval et l'âne mais pas l'hémione ou le zèbre?

La domestication des hémiones est attestée dans l'Orient antique mais de façon sporadique. Celle du zèbre, dont témoignent certains attelages du XIXe siècle, ne dépassa jamais les bornes de la simple curiosité.

Nombre d'expériences, sans doute trop rapides, de domestication tardive se soldèrent en effet par des échecs et accréditèrent la réputation d'irrémédiable indocilité des hémiones et des zèbres. Réputation cependant contestée par certains, comme le naturaliste Isidore Geoffroy-Saint-Hilaire qui ironisait en 1861 : «Des animaux attelés, sans avoir été dressés, et qui s'emportent, voilà à quoi se réduit cette preuve sans réplique d'une "indocilité égale à la vitesse", donc extrême ! Avec de tels arguments, il ne serait pas difficile de prouver que le cheval est, lui aussi, un animal indocile, indomptable.»

Au contraire, la domestication du cheval ou celle de l'âne furent d'immenses succès, et des succès universels. Cela tient sans doute en grande partie au fait que ces deux espèces se complètent admirablement et permettent d'obtenir une gamme de services très étendue : attelage lourd ou léger et équitation pour le cheval, portage, dépiquage et autres

Assurbanipal, roi d'Assyrie de 669 à 631 av. J.-C., chasse des hémiones, équidés sauvages qui furent domestiqués dans le Moyen-Orient antique (ci-dessus). Au XIXe siècle le «dompteur féroce» anglais

Rarey, célèbre pour ses performances (et pour la brutalité de ses méthodes), fait travailler un animal réputé indressable : le zèbre.

obscurs labeurs de la vie de tous les jours pour l'âne.

Cette complémentarité a encore été améliorée, dès l'Antiquité, par la production d'un hybride, le mulet, qui reste stérile – sauf rares exceptions – mais dont l'utilité est multiple. On peut aussi bien le monter que l'atteler ou le bâter, et il allie l'énergie de la jument, sa mère, à la rusticité de l'âne, son père. En revanche, le bardot, produit de l'ânesse et de l'étalon, auquel il ressemble davantage que le mulet, a la réputation, en partie imméritée, de n'être pas bon à grand-chose. Le succès de telle ou telle domestication dépend donc, en définitive, de la rencontre des qualités intrinsèques des animaux eux-mêmes, d'une part, et des besoins et surtout de la volonté de l'homme, d'autre part.

Le cheval, brillant cadet d'une très ancienne famille

Mammifères herbivores non ruminants, de l'ordre des Périssodactyles – animaux munis à chaque membre d'un nombre impair de doigts terminés par un ongle ou un sabot –, les Equidés ont poussé ce caractère distinctif jusqu'à son point le plus extrême puisqu'ils ne disposent plus que d'un seul doigt (le troisième), les autres s'étant peu à peu atrophiés et soudés au doigt médian. Dans celui-ci, en outre, le métacarpe, pour le membre antérieur, et le métatarse, pour le postérieur, se sont considérablement renforcés et allongés pour former la partie inférieure de la jambe appelée «canon», qui achève de conférer aux Equidés leur anatomie si caractéristique de coursiers.

Cette évolution vers un squelette adapté à la fuite rapide est allée de pair avec une transformation des mâchoires – caractérisées par l'atrophie des canines et la formation d'un espace vide ou «barre» entre les canines et les

Pour que l'âne (ci-contre) et la jument s'accouplent, il faut un terrain en pente, et l'ardeur du mâle doit être stimulée, comme dans le «trelandage» poitevin, par des cris, des tintements de sonnailles, de la musique... ou des attouchements. Le mulet (au milieu) et le bardot (en bas) bénéficient tous deux d'une hétérosis (vigueur propre aux hybrides) très élevée.

UNE DOMESTICATION TARDIVE

prémolaires – révélant le passage progressif d'une alimentation omnivore à un régime purement herbivore. Entre les Equidés actuels, d'une part, et leurs plus lointains ancêtres connus, l'*Hiracotherium* européen et l'*Eohippus* américain – pas plus gros qu'un chien –, d'autre part, il s'est écoulé quelque cinquante-cinq millions d'années. Par ailleurs, qu'ils soient apparus en Eurasie – comme le *Paleotherium* – ou qu'ils soient venus d'Amérique du Nord par l'isthme de Behring – comme l'*Anchitherium*, l'*Hypohippus* ou l'*Hipparion*, ce dernier ayant pénétré jusqu'en Afrique –, les Equidés primitifs n'ont jamais réussi à se maintenir très longtemps sur l'Ancien Monde. Mais au début du quaternaire, la tendance s'inverse, sous l'influence du réchauffement climatique holocène : apparu il y a environ cinq cent mille ans au pléistocène moyen – correspondant

Au cours de l'évolution, on passe d'animaux pentadactyles à des bêtes à trois doigts (*Eohippus*, à gauche), puis à doigts latéraux soudés (*Mesohippus*) ou atrophiés (*Merychippus*, au centre), enfin à doigt unique (à droite) comme aujourd'hui. L'évolution a privilégié les qualités de coursier du cheval.

au paléolithique –, *Equus* disparaît d'Amérique à l'holocène après s'être répandu en Asie, en Europe et en Afrique où, cette fois, il prospère.

Le lent rapprochement de l'homme et du cheval

Les premiers signes incontestables de domestication du cheval, modifications morphologiques et traces décelables sur les ossements, présence de mors – de contention – en bois de cerf, etc., ont été mis en évidence, dans le sud de l'Ukraine, sur le site de Dereivka – relevant de la culture dite de Serednij Stog – et datés au carbone 14 de trois mille cinq cents ans avant notre ère. Domestication donc tardive comparativement à celle d'autres espèces animales, mais dont l'extension a ensuite été fulgurante, atteignant l'Europe de l'Ouest au cours de l'âge du bronze (IIe millénaire avant notre ère).

Cette domestication trouve son origine dans la conjonction d'une série de facteurs. Les premiers tiennent à l'animal lui-même. Naturellement méfiant et prompt à s'enfuir à l'approche de tout danger présumé, le cheval présente aussi certains caractères comportementaux qui ont favorisé sa domestication. C'est un curieux et un gourmand incorrigible : il finit presque toujours par se laisser approcher, quand on y consacre de la patience et du temps, un peu d'ingéniosité et quelques friandises judicieusement choisies et distribuées. C'est un animal grégaire, qui vit en groupe sous la conduite d'un étalon : une fois abolie la distance de fuite, il admet l'homme, surtout si celui-ci s'arme de patience et de

L'âne (*Equus africanus*) est originaire d'Afrique orientale aride où il a été domestiqué il y a 6 000 ans mais où il subsiste à l'état sauvage (Somalie); l'âne domestique (*E. asinus*) a été introduit par l'homme dans le monde entier en raison de sa résistance et de sa sobriété. La taille des ânes varie entre 0,90 et 1,40 m au garrot.

A peine plus grands que l'âne, les zèbres se répartissent entre quatre espèces : *E. burchelli*, *E. grevyi*, *E. zebra* et *E. quagga* (aujourd'hui disparu).

Les hémiones (*E. hemionus*) se distinguent des ânes proprement dits par des oreilles moins longues. Certaines sont éteintes ou menacées d'extinction : hémippe de Syrie (domestiquée en Mésopotamie antique, aujourd'hui éteinte), onagre de Perse, khur d'Afghanistan et d'Inde (menacée), koulan du Turkestan, dziggetai de Mongolie. Le kiang du Tibet (*E. kiang*) est plus grand (jusqu'à 1,50 m au garrot) et plus foncé que les hémiones.

récompenses gourmandes, comme un membre de son troupeau, et se soumet à lui comme à son chef.

Si l'on se penche sur les motivations des hommes, elles combinent des considérations économiques et psychologiques, voire magiques ou religieuses. Economiques, comme le besoin de disposer en permanence de réserves de viande sur pied immédiatement disponibles – mais les premiers domesticateurs du cheval connaissaient déjà l'élevage d'autres animaux et ils ne devaient certainement pas compter sur cette ultime conquête pour subsister.

Psychologiques : désir de s'approprier ce gibier rapide et puissant, incarnant des vertus guerrières alors très valorisées. Religieuses, enfin, sans doute les plus déterminantes : la fréquence des chevaux dans les sépultures eurasiatiques – Dereivka, Pazyryk dans l'Altaï, Banpo et Qufu en Chine... – indique qu'ils furent longtemps associés au culte des morts.

Réinventer la domestication

Au début du XVIe siècle, les Amérindiens, d'abord saisis d'épouvante à la vue de ces animaux gigantesques et fougueux apportés par les Espagnols, ne tardent pas à comprendre les avantages qu'ils pourraient eux aussi tirer des chevaux. Certains, les Indiens du Chaco ou les Chichimèques du Mexique, commencent par chasser des chevaux marrons pour le cuir et la viande. Puis ils osent l'équitation, soit par imitation – pour s'« hispaniser » – comme les *curacas* péruviens (anciens chefs incas), soit, le plus souvent, par résistance, pour

Les Indiens des Plaines, (ci-dessous), sans le modèle espagnol, durent tout réinventer pour domestiquer des chevaux redevenus sauvages. En revanche ceux d'Amérique du Sud, (à gauche) proches des colonisateurs, empruntèrent le cheval avec, pourrait-on dire, son mode d'emploi.

faire la guerre aux Espagnols, comme les Araucans du Chili ou les Indiens de Patagonie, qui transposèrent les prairies argentines en un immense Far West. Enfin les Indiens des plaines de l'Amérique du Nord transposèrent au cheval leurs techniques d'élevage et de transport – par travois – réservées jusque-là aux chiens, le seul animal domestique précolombien. De fait, l'usage du cheval se répand en Amérique du Nord comme une traînée de poudre – dès 1650, les cavaliers apaches sont parmi les premiers à galoper dans les espaces du Nouveau-Mexique.

Les témoignages d'époque sur les techniques d'élevage et d'utilisation du cheval chez les Indiens d'Amérique du Nord montrent une extrême diversité : les uns soulignent la douceur et la patience dont les Indiens font preuve avec leurs chevaux, d'autres dénoncent au contraire leur brutalité et leur négligence ; certains admirent les prouesses des cavaliers et la docilité des chevaux indiens, tandis que d'autres encore notent que, si les Indiens dressent si peu leurs chevaux, c'est pour les rendre plus difficiles à voler...

Peut-être, pour avoir une idée de la domestication, faut-il avoir été traîné par une bête que l'on s'efforce de capturer – et avoir ainsi éprouvé dans sa chair la force du cheval... Deux mille cinq cents ans avant notre ère, l'homme, après s'être attelé au cheval, attelle celui-ci à sa charrue et à son char.

CHAPITRE III
LE CHEVAL AU TRAVAIL

Un millénaire sépare ces deux scènes : la course de quadriges, chars romains à deux roues et à timon tirés par quatre chevaux de front, et le transport agricole, dans l'Europe de la Renaissance, sur des voitures à brancards tirées par des chevaux attelés en flèche avec des colliers d'épaules – type d'attelage en usage en Occident depuis le Xe siècle.

De la domestication à l'attelage

L'exploitation du cheval pour sa force, qui nous semble aujourd'hui si évidente, était inconnue des hommes de la préhistoire. Et la domestication n'a pas entraîné, dans un premier temps, de grands changements sociaux : il a fallu, pour que l'idée initiale prenne corps et se traduise dans la pratique, qu'apparaissent ses applications et les moyens de les mettre en œuvre. Cela supposait l'existence préalable d'une agriculture assez développée et d'importants besoins en transport ; cela supposait également que l'on sût comment et à quoi atteler le cheval : avec quel harnachement, pour tirer quels instruments aratoires, quels véhicules ? C'est pourquoi ces techniques, apparues chez des semi-nomades des steppes eurasiatiques, ont été surtout développées et perfectionnées au sein des premières grandes civilisations urbaines du Moyen-Orient ancien.

Sur cet attelage peint dans une tombe de la région de Thèbes vers 1400 av. J.-C., le timon s'attache sur un joug, lui-même fixé par un collier et une sangle sur le garrot de deux chevaux attelés de front. Un exemplaire reconstitué de ce char pèse 34,1 kilos.

L'épopée du char de guerre

Le cheval commença sans doute par tirer l'araire et le traîneau à dépiquer, comme le bœuf et l'âne, et peut-être avec eux. Mais c'est associé au char à roues qu'il

L'ATTELAGE ANTIQUE 37

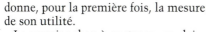

donne, pour la première fois, la mesure de son utilité.

Le premier char, à quatre roues pleines, est attesté à Ur en 3500 avant notre ère. Probablement inventé pour le bœuf, il aurait ensuite été adapté à l'hémione et à l'âne par les Sumériens avant de passer au cheval. Puis est apparu – chez les Hittites ? – le char à deux roues, version allégée du précédent, tiré par des chevaux attelés de front. Du Sahara à l'Asie centrale, son emploi – à des fins presque exclusivement militaires – domine tout le IIe millénaire avant notre ère, décidant même de l'issue de plusieurs grandes batailles, comme celle de Qadesh, sur l'Oronte, en 1285 avant J.-C. : les Hittites, vaincus par les troupes de Ramsès II, réussirent néanmoins, grâce à leur charrerie, à stopper la pénétration égyptienne en Asie. L'utilisation du char de guerre à chevaux s'est ensuite prolongée jusque sous l'Empire romain, où elle tombe en désuétude, pour des raisons purement tactiques, face à la maniabilité de la cavalerie et de l'infanterie, au tout début de notre ère.

Ces décors, datés de 2500 av. J.-C., proviennent d'Ur, l'une des principales cités sumériennes. Les lourds véhicules, à quatre roues pleines, portent un conducteur, à l'avant, protégé par un bord surélevé, et un soldat en armes, sur une plate-forme arrière. Chaque véhicule est tracté par quatre animaux attelés de front. On reconnaît des hémiones ou des ânes : le cheval n'a été introduit au Moyen-Orient qu'au début du IIe millénaire av. J.-C.

Les courses romaines se situent à mi-chemin entre les courses attelées actuelles et les jeux du cirque (pages suivantes).

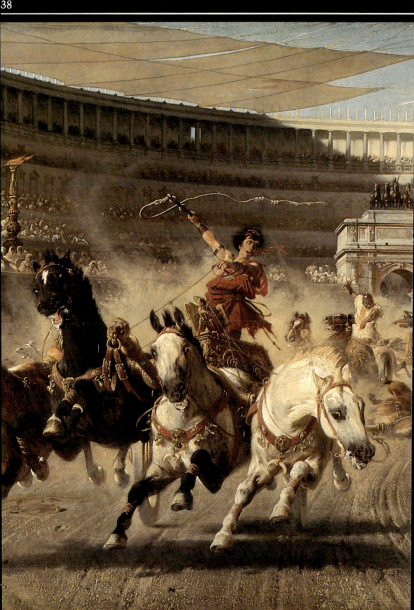

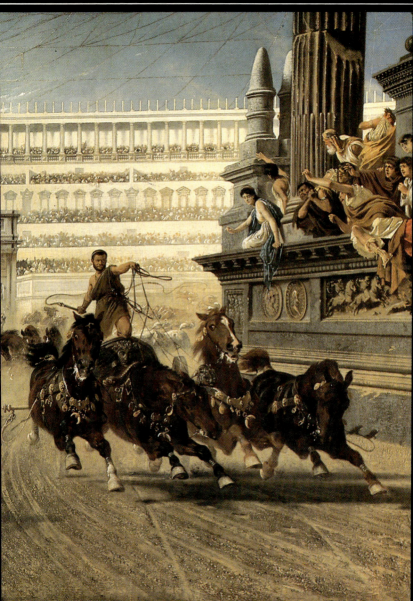

Collier de gorge ou bricole ? Naissance d'une polémique

L'évolution de l'attelage et ses conséquences économiques et sociales ont curieusement engendré des débats passionnés.

La polémique est lancée par la publication, en 1924 puis 1931, de deux ouvrages dans lesquels un officier français, le commandant Lefèbvre des Noëttes, rend compte de ses essais de reconstitution et d'expérimentation d'attelages antiques. Pauvre efficacité, conclut l'auteur : selon lui, le collier de gorge ou la bricole, placés trop haut, étranglaient le cheval et l'empêchaient de donner toute sa force. Du coup, la diffusion en Europe, au Xe siècle, du collier d'épaules moderne, rigide et rembourré, qui ne présentait pas cet inconvénient, lui apparaît comme une véritable révolution technique, et même sociale : elle aurait,

L^e collier d'épaules (en bas à gauche) permet au cheval de tirer plus fort, mais il ne s'adapte qu'à un seul animal car son rembourrage en prend la forme. Au contraire, une même bricole (en haut à gauche et ci-dessus) peut passer sans inconvénient d'un cheval à un autre ; on la préférait donc dans les postes et dans les compagnies d'omnibus.

selon lui, consacré l'inutilité de l'esclavage et contribué à sa disparition, le cheval remplaçant l'homme.

Des travaux ultérieurs ont mis en évidence les insuffisances techniques des expériences du commandant Lefèbvre des Noëttes, et la démesure des implications sociales imaginées : en fait, la diversité et l'efficacité des attelages anciens étaient bien plus grandes qu'il ne l'avait cru ; et par ailleurs, l'esclavage antique avait déjà presque totalement disparu d'Europe quand l'usage du collier d'épaule s'y généralisa...
Le débat, qui se poursuit encore aujourd'hui, nous renseigne tout autant sur l'histoire des idées – l'engouement pour le Moyen Age succédant, à partir des années 1930, à la vogue de l'Antiquité – que sur l'évolution de l'attelage et sur ses conséquences.

L'âge d'or de la traction hippomobile

Singulière ironie de l'histoire, il faut attendre la deuxième moitié du XIXe siècle, c'est-à-dire une époque où les progrès de la mécanisation des transports et du travail agricole annoncent déjà la fin prochaine de la traction équine, pour assister à un essor sans précédent de la traction hippomobile, notamment en Europe occidentale. On voit dès lors se réaliser de spectaculaires améliorations dans le domaine de l'élevage et de l'utilisation des chevaux de trait : fixation des grandes races lourdes actuelles, comme

Le harnachement de trait varie en fonction du véhicule – à timon ou à brancards –, du nombre et de la position des animaux attelés – une seule ou plusieurs bêtes, placées de front ou en flèche (ci-contre) –, de la position de chaque bête dans l'attelage – brancardier (ou limonier), timonier, bricollier, cheval de volée, porteur, sous-main (ou sous-verge), etc. Dans l'attelage d'un seul cheval à un véhicule à brancards fixes, le harnachement de base se compose d'un harnais de tête avec embouchure (mors) et de rênes pour la conduite ; d'un collier ou d'une bricole (1) relié par des traits (2) au véhicule, pour le mouvement en avant ; d'une sellette (3) et d'une sous-ventrière (4), qui fixent les brancards de manière à empêcher la voiture de basculer verticalement ; d'une avaloire, ou sangle de reculement (5).

le percheron en France, le suffolk en Angleterre, le rhénan en Allemagne ; rationalisation de l'alimentation équine, perfectionnement des attelages et des voitures.

Et fin de la polémique : les nombreuses expériences du XIXe siècle pour améliorer les attelages ont d'ailleurs montré que la dispute collier d'épaules/bricole était une fausse querelle, l'un et l'autre ayant leurs avantages propres en fonction des différentes conditions d'utilisation. En effet, il existe à travers le monde une grande variété des types d'attelage : à un, à deux, à quatre, à vingt animaux, de front ou en ligne, avec traits souples et/ou timon ou brancards, etc. Les attelages varient en fonction des types de véhicules, d'une grande diversité : travois, composés de simples perches dont une extrémité traîne à terre et sur lesquelles on ficelle un ballot, traîneaux et toboggans, litières, voitures à deux ou quatre roues, chariots rustiques ou landaus sophistiqués. Ils varient aussi en fonction des terrains, lourds, légers, plats, accidentés, de l'état et de la largeur des routes et des chemins, qui n'autorisent bien souvent que l'usage d'animaux de bât. Ils varient enfin en fonction des héritages culturels : transposition au cheval des techniques du chien en Amérique du Nord, de celles du renne en Sibérie.

Jusqu'au début du XXe siècle, les péniches sont souvent tirées par des chevaux le long des «chemins de halage». Pour faire remonter le cours du Rhône à des chalands très chargés, il faut une douzaine de paires de chevaux de trait lourd. Chaque paire, menée par son propre charretier, est attelée par des palonniers au câble de halage. Des villages entiers de «rouliers» vivent le long des routes de la location de leurs bêtes pour le transport («roulage») des marchandises lourdes. Les plus modestes se contentent d'attendre avec des chevaux de volée en bas des côtes pour aider les attelages à gravir ces «chemins montants, sablonneux, malaisés, et de tous les côtés au soleil exposés» dont parle La Fontaine.

Première nation européenne à accomplir sa «révolution agricole», l'Angleterre fut la première à pratiquer des labours profonds nécessitant des chevaux puissants comme le shire ou le clydesdale. Aspect anecdotique mais non moins intéressant : les chevaux sont partout abordés, montés et conduits par le côté gauche – sauf en Bretagne.

Le cheval de trait a surtout été présent dans les transports. Pour le labourage, on lui a longtemps préféré le bœuf ou le buffle. En Europe, le remplacement progressif du bœuf par le cheval, amorcé dès le haut Moyen Age, du nord-est de la France à la Moscovie, ne sera pas encore achevé, en plein XIXe siècle, dans de nombreuses régions de l'Ecosse, dans le centre et l'ouest de la France.

Longtemps cantonné, en France, au bassin parisien puis au Nord-Est, le cheval de labour ne l'emporte sur le bœuf qu'après 1850.

Il faudra mille ans à l'homme pour oser monter le cheval qu'il avait péniblement domestiqué, un millénaire supplémentaire pour le monter efficacement, et plusieurs autres millénaires encore pour inventer l'équitation telle qu'elle se pratique de nos jours.

CHAPITRE IV
LE TEMPS DES CAVALIERS

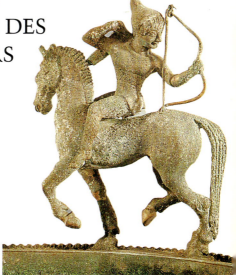

Le combat à cheval a longtemps été le parangon de l'héroïsme. Le cavalier – Alexandre combattant les Amazones (ci-contre), mais aussi l'archer parthe décochant ses flèches (à droite) avant de se replier au galop, ou le Scythe, le Numide, le Hun, le bédouin, le Mongol, le cosaque ou le hussard –, mobile, insaisissable, reste l'archétype du guerrier.

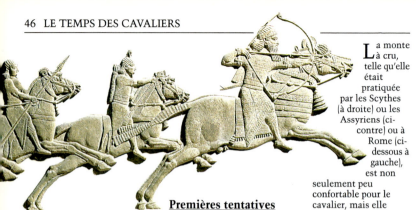

La monte à cru, telle qu'elle était pratiquée par les Scythes (à droite) ou les Assyriens (ci-contre) ou à Rome (ci-dessous à gauche), est non seulement peu confortable pour le cavalier, mais elle fatigue rapidement le cheval, auquel on peut moins demander.

Premières tentatives

Les premières figurations de chevaux montés sont babyloniennes, et datent de 2000 ans avant notre ère. Mais il ne s'agit encore que d'exemples isolés, avec un équipement extrêmement rudimentaire, qui laisse supposer une technique encore hésitante, d'utilité forcément limitée : on monte «à cru» sur la croupe, comme cela se pratique aujourd'hui encore avec les ânes au Proche-Orient et en Afrique du Nord.

Apparue on ne sait exactement où ni quand, la monte en arrière du garrot se généralise progressivement. Mais la notion de cavalerie, utilisable en tant que telle dans les batailles, ne s'impose vraiment qu'avec le début de l'âge du fer, au VIIe siècle avant notre ère, probablement chez les Hittites. De là, elle connaît une diffusion rapide et très large, vers l'Egypte et l'Afrique du Nord des Garamantes, d'une part, vers l'Asie centrale des Scythes et des Sarmates, et vers le monde grec, d'autre part. Cette diffusion marque l'entrée dans une ère des cavaliers liée principalement à l'émergence d'une civilisation des steppes fondée sur le pastoralisme nomade, auquel l'équitation permit d'acquérir une efficacité nouvelle.

L'équitation d'alors reste cependant, et pour

longtemps encore, très éloignée de l'équitation telle que nous la connaissons aujourd'hui. On utilise le frein – mors et rênes –, inventé dès avant l'attelage, mais il n'y a alors, et il n'y eut de toute l'Antiquité, ni selle ni étriers. Grecs et Romains, pour ne parler que d'eux, conquirent et dominèrent, durant plusieurs siècles, une bonne partie de l'Ancien Monde – de l'Atlantique à l'Indus, en passant par les deux rives de la Méditerranée – à cru ou avec un simple tapis, et sans «pédales» (ou étriers)...

En 334 av. J.-C., Alexandre de Macédoine et ses armées se heurtent à la première cavalerie de choc de l'histoire, celle des lourds cataphractaires de Darius III, roi de Perse (du grec *kataphracthès*, «cuirasse»), qui montaient des étalons et chargeaient à la lance (ci-contre). Les techniques et les équipements de cette cavalerie sont repris et perfectionnés par Alexandre et ses successeurs, les souverains sassanides, qui mettent au point de nouvelles armures ainsi que les premiers heaumes, qui seront ensuite introduits en Occident par les cataphractaires grecs et romains.

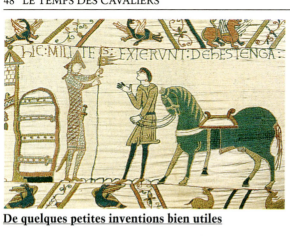

Sur la tapisserie de la reine Mathilde (1077), la monture de Guillaume le Conquérant : cheval entier, selle à pommeau et troussequin relevé, étrivières longues : l'équipement caractéristique du chevalier médiéval (ci-contre).

Au XVIe siècle deux équitations coexistent en Espagne :

De quelques petites inventions bien utiles

D'abord faite d'un assemblage de coussins, comme à Pazyryk au Ve siècle avant notre ère, puis avec un arçon en bois, la selle apparaît en plusieurs points d'Asie centrale, de Chine et d'Inde peu avant le début de l'ère chrétienne.

Elle semble avoir été suivie de peu par l'étrier, peut-être d'abord unique, simple marchepied disposé du côté du montoir comme en Inde, puis par paire, pour assurer l'équilibre du cavalier, comme à Kushân à la fin du Ier siècle de notre ère.

Selle à arçon et étriers atteignent d'une part l'Extrême-Orient au Ve siècle, d'autre part Byzance et

brida occidentale, avec les étriers longs (cavalier de tête), et *jineta* orientale, avec des étriers arabes chaussés courts (conducteur de l'attelage).

la Perse à la fin du VIe siècle, où les Arabes les découvrent un siècle plus tard. De là, ils gagnent l'Europe occidentale dans la première moitié du VIIIe siècle. Imposés aux gens d'armes par Charles Martel et ses fils, ils contribuent pour une part fondamentale au perfectionnement des techniques de combat à cheval et, par conséquent, à l'affermissement du pouvoir de ceux qui en étaient

Dans les cinq *tumuli* du Ve siècle av. J.-C explorés à Pazyryk, dans l'Altaï oriental, on a trouvé une selle primitive en feutre et un tapis de selle attestant dès alors l'existence en Asie centrale de cultures des steppes et de foyers d'innovation équestre.

les dépositaires : les chevaliers et les seigneurs féodaux.

A la différence de certains peuples, comme les Mongols, les Arabes et, à partir du VIIe siècle, les Espagnols, qui pratiquent une équitation a la *jineta* – venue des Berbères zénètes –, légère, avec les étriers chaussés courts, les Occidentaux montent avec les étriers longs, la jambe en avant et les fesses enfoncées dans la selle à toutes les allures.

1. Selle en bois et cuir, avec pommeau en tête de cheval, ayant appartenu à un chef sioux.
2. Arçon de selle maghrébine de la fin du XIXe siècle. Les quatre pièces, en bois, qui composent l'arçon – le pommeau, le troussequin (particulièrement élevé) et les bandes – ont été recouvertes d'une enveloppe de cuir vert ; en séchant, le cuir s'est rétracté, assurant la solidité de l'assemblage.

3. Selle d'amazone à trois fourches (France, v. 1840). La cavalière tient en selle en calant ses cuisses dans les «fourches» situées à l'avant du siège, l'étrier unique étant à gauche. Il n'y a évidemment pas d'étrier du côté droit. L'action de la jambe droite est remplacée par celle d'une cravache ou d'un stick.
4. Selle afghane en bois massif à décor de marqueterie, XIXe siècle.
5. Arçon de selle de cavalerie légère, France, fin XIXe siècle.

52 LE TEMPS DES CAVALIERS

DES MORS ET DES ÉTRIERS 53

La diversité de l'ensemble mors-rênes, la variété des étriers et des éperons, sont plus grandes encore que celles des selles.
1. Etrier cruciforme, San Salvador, XVIIe siècle. La conquête de l'Amérique fut aussi une évangélisation…
2. Etrier colombien «en chausson», XIXe siècle.
3. Mors à anneau et gourmette d'inspiration arabe, Mexique, XIXe siècle.
4. Etrier du Paraguay, fin XIXe siècle.
5. Eperon à molette, Russie, XIXe siècle.
6. Etrier «à secret», France, fin XIXe siècle.
7. Mors vétérinaire creux, à entonnoir pour médicaments.
8. Etrier de femme «en chausson», Pérou, XIXe siècle.

Les tournois ou combats simulés sont, jusqu'au XIVe siècle, des cohues plus que des duels.

Du bon usage de la cavalerie

Ces variations dans les techniques de monte s'expliquent en grande partie par les divers usages qui sont faits de la cavalerie, usages civils – voyage, commerce, poste – et militaires – déplacement de troupes, transmission des ordres, charge. En temps de guerre, la cavalerie a constitué, du début du Ier millénaire avant notre ère jusqu'à la fin du XIXe siècle, une arme déterminante.

Toute l'histoire de l'équitation militaire est marquée par l'opposition de deux conceptions différentes de la cavalerie et de sa fonction tactique dans les batailles : cavalerie lourde destinée à enfoncer les lignes ennemies par le choc frontal d'une charge au galop à fond, ou cavalerie légère procédant par une succession de courtes charges de harcèlement et par la poursuite de l'ennemi en déroute.

Peu de temps après avoir démontré sa supériorité sur les charges de rupture de la charrerie, la cavalerie légère de Crassus, dont l'idée avait été empruntée par les Romains aux Numides d'Afrique du Nord, se voit infliger sa première grande défaite, en 55 avant notre ère à Carrhes, en Arménie, par les cavaliers et les chevaux lourdement caparaçonnés des Parthes.
Tandis qu'en Europe médiévale, champs de bataille et lices des tournois résonnent du choc des armures des

«Ils étaient trois mille cinq cents. Ils faisaient un front d'un quart de lieue. C'étaient des hommes géants sur des chevaux colosses...»
Victor Hugo,
Les Misérables, II, 1, 9

DE TAILLE ET D'ESTOC

chevaliers, l'Orient musulman perfectionne l'art de la cavalerie légère et de la tactique du harcèlement. Malgré de sévères affrontements entre les deux conceptions – à l'Ouest avec la conquête musulmane de l'Espagne au VIIIe siècle, à l'Est avec les croisades, du Xe au XIIIe siècle –, il faut attendre les guerres d'Italie, entre 1494 et 1559, pour voir la cavalerie légère l'emporter durablement sur la lourde, avant que le XIXe siècle n'instaure leur complémentarité, avec l'utilisation parallèle et différenciée des hussards légers et des lourds cuirassiers.

Napoléon fit résonner l'Europe du choc effroyable des cavaleries lancées les unes contre les autres (ci-dessous, la charge des Royal Scot Greys de Wellington à Waterloo). La Restauration venue, de beaux esprits ne manquèrent pas de railler l'instruction équestre «bâclée» des cavaliers d'Empire «des sabreurs en équilibre sur des chevaux emballés».

« Je ne puis terminer l'histoire du cheval sans marquer quelques regrets de ce que la santé de cet animal utile et précieux a été jusqu'à présent abandonnée aux soins et à la pratique, souvent aveugles, de gens sans connaissance et sans lettres. »

Buffon, *Histoire naturelle*, 1753

CHAPITRE V
LE CHEVAL DES SAVANTS

Buffon ne ménagea pas ses critiques aux maréchaux-ferrants (à gauche, enseigne par Géricault). Les XVIIe et XVIIIe siècles voient une floraison de savants pataugeant, sous couvert d'exploration anatomique, dans les viscères équins (à droite).

«No foot, no horse»

Sa morphologie adaptée à la course, qui fait l'originalité et l'intérêt du cheval, tient essentiellement à son pied constitué d'un seul doigt : «*no foot, no horse*», disent justement les Anglais. Aussi ce pied a-t-il été de tous temps l'objet d'une attention et de soins particuliers. Mais, même dans ce domaine essentiel, les progrès techniques se signalent par leur lenteur. Succédant à l'antique hipposandale,

L'hipposandale antique se fixait sur le sabot du cheval par un système de lanières : son usage ne pouvait donc être qu'exceptionnel (thérapeutique). Le fer cloué directement dans la corne allait donc représenter un progrès considérable.

sorte de brodequin en cuir et métal maintenu sur le sabot par des lanières, à usage exclusivement thérapeutique, la ferrure à clous est l'une des inventions les plus marquantes de l'histoire de l'utilisation du cheval par l'homme. Pourtant, elle n'arrive qu'au IXe siècle, presque simultanément en Sibérie méridionale, à Byzance et en Europe occidentale, et ne se généralise en Occident qu'au XIe siècle. Mais les Chinois et les Japonais l'ignorent jusqu'à la pénétration européenne moderne, et les Mongols persistent à ne pas l'utiliser.

Mal fabriqués et mal posés, les fers à clous se révèlent plus nuisibles qu'utiles. D'où, sans doute, la lenteur de leur diffusion au cours de l'histoire. D'où, par conséquent, la place considérable prise aussitôt par les maréchaux-ferrants dans toutes les sociétés qui ferrèrent leurs chevaux. Importance parfois suspecte : l'Inde, le monde musulman ou l'Afrique continuèrent à isoler en castes ou à mépriser leurs forgerons à cause du caractère infernal de leur maîtrise du feu et des métaux en fusion.

Les fers, qui doivent empêcher l'usure des sabots, sont d'autant plus nécessaires que le cheval est appelé à marcher sur des sols durs et abrasifs (pavés, asphalte). Ils varient à l'infini, en fonction de la forme et de la dimension des sabots mais aussi d'éventuelles pathologies à corriger ou à prévenir (encastelure, défauts d'aplomb...) ou de fonctions particulières (fers antidérapants, de course...). Aussi étaient-ils autrefois entièrement fabriqués sur mesure. Certains maréchaux, de plus en plus rares, procèdent encore ainsi, notamment ceux de la Garde républicaine à Paris.

L'ART DE LA FERRURE 59

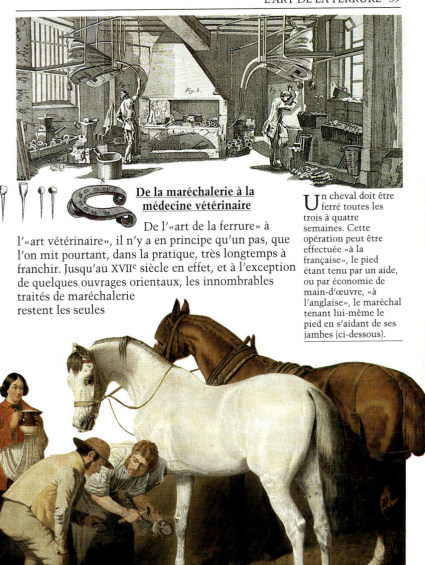

De la maréchalerie à la médecine vétérinaire

De l'«art de la ferrure» à l'«art vétérinaire», il n'y a en principe qu'un pas, que l'on mit pourtant, dans la pratique, très longtemps à franchir. Jusqu'au XVIIe siècle en effet, et à l'exception de quelques ouvrages orientaux, les innombrables traités de maréchalerie restent les seules

Un cheval doit être ferré toutes les trois à quatre semaines. Cette opération peut être effectuée «à la française», le pied étant tenu par un aide, ou par économie de main-d'œuvre, «à l'anglaise», le maréchal tenant lui-même le pied en s'aidant de ses jambes (ci-dessous).

références sérieuses et les maréchaux-ferrants les seuls praticiens reconnus en matière d'hippiatrie. Les ravages causés en Europe par les grandes épizooties des XVIIe et XVIIIe siècles apportent la preuve de l'insuffisance de la médecine empirique pratiquée par les maréchaux-ferrants et déclenchent un vaste mouvement de recherche de nouvelles techniques thérapeutiques. S'ensuit la création des premières écoles vétérinaires du monde, à Lyon en 1762, puis à Alfort en 1765.

Le jour de la Saint-Eloi, des bénédictions de chevaux étaient organisées. Eloi, patron des orfèvres est également le protecteur du bétail.

Le cheval, au centre des préoccupations animalières de l'époque, joue donc dans cette évolution de l'empirisme à la science un rôle déterminant. Le fondateur des écoles vétérinaires, Claude Bourgelat, est un ancien avocat devenu «écuyer du roi» à Lyon, où il dirige une «académie équestre» en vue. Sa renommée se fonde sur plusieurs ouvrages d'équitation, d'hippologie (étude du cheval) et d'hippiatrie (thérapeutique du cheval), et, sous son influence, l'école de Lyon gardera longtemps pour spécialité principale la médecine équine.

L'anatomie du cheval est connue avant tout autre anatomie animale : en témoignent avec un éclat particulier la monumentale *Anatomia del cavallo* (1598) de Carlo Ruini – parfois attribuée à Léonard de Vinci – ou *Le Cavalier anatomisé* (1790), étonnante préparation anatomique d'Honoré Fragonard conservée au musée de l'école d'Alfort.

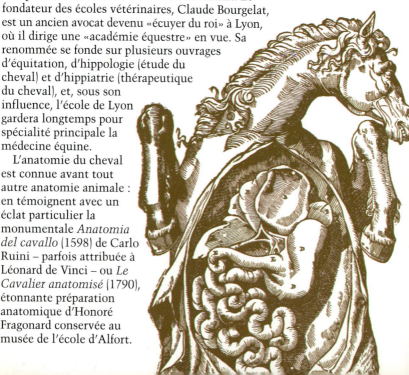

La recherche vétérinaire se limitera d'ailleurs longtemps à essayer de transposer aux autres animaux domestiques les connaissances acquises à partir de l'étude du cheval.

Déjà nombreux au XIIIe siècle, les *Kitâb al-faras* ou *Kitâb al-khayl* («Livres des chevaux») témoignent de l'avance arabe en hippologie et hippiatrie (ci-contre).

Un problème crucial : l'approvisionnement en chevaux

A partir du XVIe siècle, alors que la fin de la féodalité européenne a ruiné de nombreux élevages privés, les guerres incessantes entraînent des besoins croissants en

Le Cavalier anatomisé de Fragonard est une préparation anatomique spectaculaire (ci-dessous). En bas à gauche, une planche de Carlo Ruini.

RÉGLEMENTS
QUI SERONT OBSERVÉS
PAR LES ÉLÈVES
DE L'ÉCOLE ROYALE VÉTÉRINAIRE
DE LYON.

chevaux que les pays concernés sont la plupart du temps incapables de satisfaire. Dès cette époque, chroniques et témoignages font état d'importations massives de chevaux «d'autres pays, sans même regarder au prix : Allemagne, Italie, Corse, Sardaigne, Espagne, Turquie, Transilvanie, et autres terres lointaines», écrit Olivier de Serres en 1600.

Après la guerre de Trente Ans (1618-1648), le problème de l'approvisionnement en chevaux devient crucial car il atteint désormais l'Europe entière. Tous les pays doivent aller chercher leurs montures de plus en plus loin et les payer de plus en plus cher.

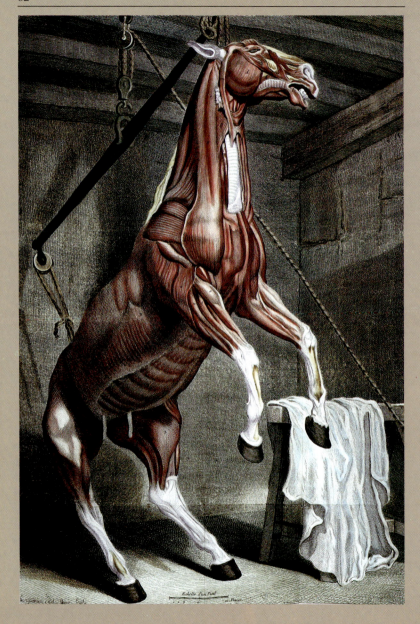

Le réalisme au service de l'anatomie

Ces planches sont représentatives de l'engouement pour l'anatomie qui accompagna, au XVIIIe siècle, les progrès de la médecine, et tout particulièrement de la médecine vétérinaire, dont le moteur principal était la connaissance du cheval. Dues à Harguiniez, qui illustra également l'article «manège» de l'*Encyclopédie*, elles sont extraites du monumental – plus de 400 pages – *Cours d'hippiatrique ou Traité complet de la médecine des chevaux*, de Pierre-Etienne Lafosse, publié à Paris en 1772.

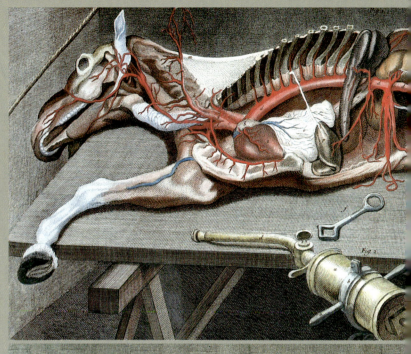

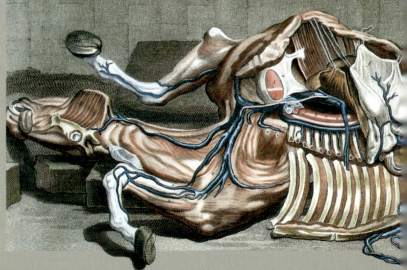

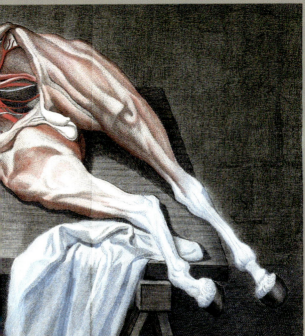

Un fondateur de l'hippologie

Fils du maréchal des écuries de Louis XV, Pierre-Etienne Lafosse, né en 1723, commença par devenir, sur ordre de son père, palefrenier puis maréchal-ferrant. Il apprend l'anatomie humaine, l'anglais, l'équitation, et s'exerce à la dissection des chevaux. En 1764, on préfère à son projet d'école de maréchalerie à Paris le projet d'école vétérinaire à Alfort de Bourgelat. Déçu, Lafosse resta jusqu'à la fin de sa vie à l'écart de toute fonction officielle, sinon une modeste charge de membre associé de l'Académie des Sciences.

Durant les deux dernières décennies du règne de Louis XIV, et pour les seules remontes de sa cavalerie, la France a importé plus de 330 000 chevaux et dépensé pour cela à l'étranger plus de 100 millions de livres. Dans le même temps, les Chinois et surtout les Russes réalisent des achats massifs – par dizaines de milliers de têtes – en Asie centrale, tandis que des flux continus d'animaux transitent d'Asie en Europe par Constantinople et du Moyen-Orient en Inde par le golfe Persique.

Parallèlement, tous les grands Etats prennent de sévères mesures pour éviter les hémorragies de chevaux au travers de leurs frontières. Dès le XIIIe siècle, des ordonnances royales interdisent la vente hors de France des armes et des montures «en raison de la rareté de ces dernières». De même, dans

Ecuyer et hippiatre allemand du XVIIe siècle, George Simon Winter de Adlersflügel est l'auteur du *Traité nouveau pour faire race de chevaux*, publié pour la première fois en 1672, où l'on

trouve une série de bêtes hors normes, genet au crin hypertrophié, haridelle affublée de toutes les tares, et des représentations fort réalistes de l'accouplement.

l'Espagne du siècle d'Or, Philippe II ne laissait à personne le soin d'accorder ou de refuser les exportations de chevaux andalous et examinait de ses propres yeux les dossiers de demande. Le problème de la quantité et du prix se double en outre d'un problème de qualité : l'élevage occidental est anarchique, il s'effectue «en liberté», «en forêt», hors de tout contrôle, dans les régions les plus défavorisées – Navarre, Limousin, Morvan –, et produit des animaux inégaux et jugés inadaptés aux besoins. En Angleterre, pour favoriser l'élevage de chevaux de guerre, Henri VIII ordonne la destruction des poneys ; dans un dessein analogue, l'évêque de Coventry, en 1609, interdit l'accès du marché de sa ville aux «racailles de chevaux». Olivier Cromwell s'offre son haras, et Charles II qui lui succède introduit la notion de «juments royales»...

A la reproduction libre qui consiste à lâcher un étalon au milieu des juments (en bas), on préféra, à partir du XVIIe siècle, la «monte en mains» (à gauche) qui permet une meilleure sélection.

Une solution bien française : l'administration des Haras

La solution de haras contrôlés par l'Etat est envisagée pour la première fois en France sous le règne d'Henri IV. Elle refait ensuite régulièrement surface : en 1626, un projet suggère au roi d'«ordonner qu'en tous prieurés et abbayes il y ait un haras plus grand ou plus petit selon la commodité des lieux». Après avoir vainement tenté de redonner vie aux vieilles structures de l'élevage équin en y intéressant la noblesse par diverses mesures incitatives, Colbert suscite en 1665 et 1668 deux arrêts du Conseil royal, véritable acte de naissance de l'administration des Haras en France.

Le but, dans un premier temps, est de favoriser le développement de l'élevage et d'en améliorer la qualité. Le système retenu est simple : le roi fournit «libéralement et sans aucune condition» un étalon de qualité à tous ceux qui le désirent, à charge pour ces «gardes estalons [...] de bien nourrir et entretenir l'estalon» et de le tenir à la disposition des propriétaires de juments. Par la suite, une série d'institutions nouvelles et de réformes tendront à réglementer l'ensemble de la production chevaline et à décentraliser les haras dans les provinces.

L'élevage «en forêt», pratiqué en Occident jusqu'au XVIIe siècle, ne permet pas un vrai contrôle de la reproduction.

De la gestion à la théorisation de l'élevage équin

Parallèlement aux tentatives de perfectionnement de la machine administrative, s'élabore progressivement une doctrine d'amélioration des animaux. On ne raisonne pas encore sur des «races» – au sens technique moderne de populations homogènes d'animaux dont la reproduction est strictement

contrôlée –, mais sur des types de chevaux. Ainsi, le marquis de Brancas établit une distinction fondamentale entre le «beau cheval», susceptible de faire soit un carrossier soit un cheval de cavalerie, et le reste de la production, «chevaux manqués, pour l'usage des gens de la campagne». Pour lui, «la France manque moins de chevaux que de beaux chevaux».

Pour les Haras, il s'agit donc moins d'améliorer le cheptel existant que d'essayer d'en créer un nouveau par apport de «beaux» étalons étrangers : «chevaux anglais, turcs, barbes, arabes de grande taille, espagnols des véritables races de Castille et d'Andalousie, de Danemark, de Prusse et les plus beaux roussins de Frise, fourniront des souches admirables». C'est déjà là l'amorce des débats passionnés du XIXe siècle sur les «races» de chevaux, qui donneront naissance à la zootechnie, science de l'amélioration des animaux domestiques.

Sous le nom de «genets» (de l'arabo-espagnol *ginete*), on s'arracha, dans toute l'Europe classique, les chevaux andalous, sélectionnés (à partir de barbes) dans les régions de Séville et Cadix au XVe siècle. Les andalous installés en 1580 par l'archiduc autrichien Karl dans un haras de Lipizza, près de Trieste (ci-dessus, en 1727), donnent naissance, au début du XIXe siècle, aux célébrissimes lipizzans.

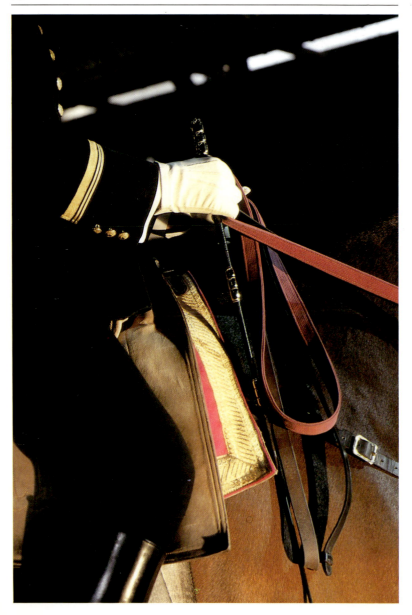

Monter, atteler, élever un cheval ne sont pas seulement des actes techniques, et encore moins des pratiques universelles ; inséparables d'habitudes et de représentations, leurs variantes contribuent à déterminer des cultures. Les chevaux en disent long sur les hommes.

CHAPITRE VI
CULTURES ÉQUESTRES

Petites causes – imperceptibles actions, liant de l'assiette, souffle de la botte, tact de la main de cet écuyer du Cadre noir (page de gauche) –, grands effets – par exemple cette «cabriole» (saut + ruade) du XVIIIe siècle... C'est là l'idéal de l'art équestre que bien des cavaliers, depuis les maîtres italiens et français des XVIe et XVIIe siècles jusqu'à ceux, contemporains, de Jerez, Saumur ou Vienne, se sont efforcés d'atteindre.

Non «une» mais «des» équitations

«Il n'y a que deux équitations : la bonne et la mauvaise», se plaisent à bougonner certains vieux cavaliers militaires. Démentant ce discours normatif, un examen objectif des faits impose au contraire un constat de diversité, des chevaux comme de leurs emplois et de leurs systèmes d'élevage, dans l'espace et dans le temps.

En effet, les opérations de production et d'utilisation des chevaux obéissent aux mêmes lois de fonctionnement et d'évolution que les autres techniques. Toute technique consiste à mettre en œuvre des moyens adaptés à une fin, dans un environnement spécifique, par une société déterminée. Le criollo dressé à la gaucho constitue un outil de travail adapté aux besoins des éleveurs de la pampa argentine.

Le milieu social et culturel revêt ici une importance particulière. Un régiment de cavalerie ne fonctionne pas comme un club équestre, ni une hacienda comme une tribu bédouine, et les équitations qui sont pratiquées dans ces différents cadres ne sauraient être tout à fait identiques.

Pour proches qu'elles soient dans l'espace, l'équitation gaucho n'est pas l'équitation cow-boy, l'équitation maghrébine n'est pas l'équitation arabe orientale, et, à un degré moindre, l'équitation française n'est pas l'équitation allemande. Mieux encore, on trouve des sociétés à l'intérieur desquelles coexistent plusieurs équitations différentes, comme l'Espagne du XVIe siècle avec les montes *a la jineta* – avec les étriers courts – et *a la brida* – avec les étriers longs. Et le monde musulman, l'Asie centrale, l'Amérique latine en offrent beaucoup d'autres exemples, qui s'ajoutent aux multiples façons d'atteler.

A chacun son cheval

Il en va des types de chevaux comme de leurs usages. Déjà au Moyen Age, les mots «roussin» – ou «ronçin» –, «destrier»,

Le dressage cow-boy (au centre et à gauche), aux antipodes du dressage européen, ne mérite pas pour autant le mépris. Les chevaux sont ici les instruments d'un travail harassant et dangereux. Le cavalier doit donc obtenir de sa monture endurance et soumission sans faille. La méthode est brutale mais efficace. Autres cavaliers d'élite, les Indiens d'Amérique (en haut) et les Turcs (ci-dessus) ne s'embarrassent pas non plus d'un dressage raffiné. «Elève ton cheval comme ton fils, monte-le comme ton ennemi», conseille un dicton arabe.

Née en Angleterre au XVIIIe siècle, la monte en suspension sur les étriers, le buste en avant, sur des chevaux en extension horizontale, gagne le continent au début du XIXe siècle.

«palefroi», «hacquenée» ne sont pas synonymes. Ils désignent des chevaux réservés à autant d'emplois particuliers. Sous Jacques Ier, en Angleterre, les chevaux présentent entre eux autant de différences que les voitures d'aujourd'hui. Au XVIIIe siècle, la diversité est encore la règle, aussi bien en France, où l'important reste de fournir le pays «de toutes sortes de chevaux, de toutes espèces pour tous les différents usages» (J. Mulliez), qu'en Angleterre, où existe «une demande extrêmement différenciée pour des animaux extrêmement différenciés dans toute une gamme de prix» (K. Thomas). Les chevaux y sont tellement mêlés qu'un auteur estime en 1727 que «le vrai cheval anglais existe à peine, à moins que nous ne comptions pour tels les chevaux qui vivent à l'état sauvage dans certaines de nos forêts et dans les montagnes».

Le retournement de tendance qui s'opère au XIXe siècle est spectaculaire. Des types de chevaux disparaissent, comme les fameux «bidets», petits chevaux «à deux fins» – selle et trait léger – de Bretagne et d'ailleurs. D'autres se fondent par

Les meilleurs chevaux accédant à une aristocratie équine, dotée de son *stud-book* comme les nobles ont leur généalogie, on voit maître et monture poser ensemble, comme entre «gens» du même monde, pour la postérité, sans que l'on sache très bien qui, de l'homme ou de la bête, était censé valoriser l'autre.

croisement dans des «races» nouvelles, qui doivent être reconnues – du moins en France – par l'administration des Haras. La diversité continue d'exister mais elle a changé de nature : c'est désormais une diversité surveillée, strictement

Godolphin Arabian (1724-1753) est l'un des ancêtres des «pur-sang» anglais. Cet étalon barbe fut acheté par lord Godolphin pour servir de «souffleur»; et un jour

codifiée. Chaque race se trouve désormais définie par un ensemble de critères (*standard*) et enregistrée dans un livre généalogique (*stud-book*) selon des principes importés d'outre-Manche.

ce rebelle réussit à couvrir Roxane... (à droite de son portrait, la liste des juments qu'il a «servies»).

Arabomanie et anglomanie

A la différence de l'aristocratie française, qui n'est plus, depuis Louis XIV, qu'une noblesse de cour, la *gentry* anglaise, chassée de Londres par Cromwell en 1649, a conservé un fort ancrage rural et un rôle déterminant dans l'agriculture. Dès la fin du

LE CHEVAL EN SON PALAIS 77

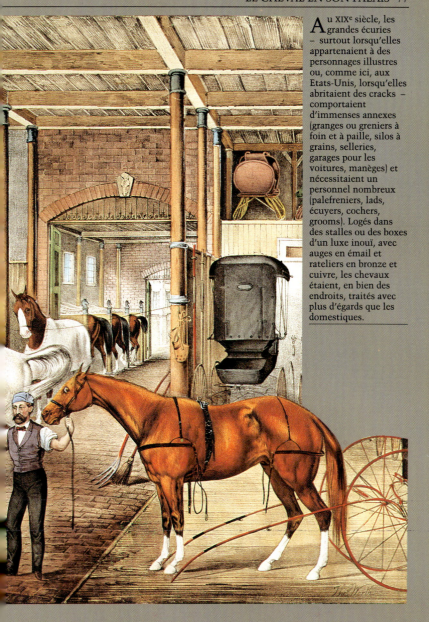

Au XIXe siècle, les grandes écuries – surtout lorsqu'elles appartenaient à des personnages illustres ou, comme ici, aux Etats-Unis, lorsqu'elles abritaient des cracks – comportaient d'immenses annexes (granges ou greniers à foin et à paille, silos à grains, selleries, garages pour les voitures, manèges) et nécessitaient un personnel nombreux (palefreniers, lads, écuyers, cochers, grooms). Logés dans des stalles ou des boxes d'un luxe inouï, avec auges en émail et rateliers en bronze et cuivre, les chevaux étaient, en bien des endroits, traités avec plus d'égards que les domestiques.

XVIIe siècle, plusieurs grands propriétaires éclairés introduisent dans l'élevage une véritable révolution. Sacrifiant la taille des animaux à leur conformation et la rusticité à la précocité, Robert Bakewell (1725-1795) privilégie l'obtention de «produits qui paient plus rapidement pour la nourriture absorbée». Rompant radicalement, quant aux méthodes, avec les idées du moment, Bakewell considère les croisements comme un abâtardissement plutôt que comme un progrès : il fait se reproduire entre eux les plus beaux spécimens d'une même lignée, de manière à renforcer et à fixer les caractères qu'il avait choisis, et invente ainsi la technique dite de l'*inbreeding*. Les nouvelles méthodes se répandent en France en même temps que les chevaux de «pur sang» anglais, qui tirent en réalité leur origine de juments couvertes par des étalons orientaux. Alors que le goût pour les chevaux arabes, déjà célébrés par Buffon comme «les premiers et les plus beaux du monde», avait dominé tout le premier Empire, l'anglomanie équestre, sans doute servie par l'anglophilie politique ambiante, s'installe avec la Restauration. Le premier stud-book ouvert en France est d'ailleurs celui du pur-sang anglais en 1833.

L'obsession de la race

Au centre du débat zootechnique, la notion de «race» apparaît décidément comme l'obsession caractéristique du XIXe siècle. Deux noms illustrent ce débat : ceux des Français Baron (1852-1908) et Sanson (1826-1902), qui soutiennent des «doctrines zootechniques» opposées.

Dignes de cette écurie de luxe d'Angleterre vers 1845, voici, de gauche à droite et de haut en bas, les quatre types idéaux de chevaux, représentés dans un ouvrage de 1867 d'André Sanson : cheval d'attelage (de luxe, pour coupé, calèche ou landau); cheval de selle (on est en pleine anglomanie); cheval de trait léger (l'animal sellé est le «porteur» d'un attelage à quatre, celui sur lequel monte un postillon); cheval de trait lourd (on est encore loin, en 1867, des chevaux lourds d'aujourd'hui).

LE TYPE IDÉAL

Représentatif de l'«école alfortienne», le premier préconise la méthode des croisements de races, tandis que le second, professeur à l'école vétérinaire de Toulouse puis à l'institut agronomique de Grignon, condamne ces croisements, «sources d'abâtardissement», dit-il, et exalte au contraire les races «pures» et l'élevage en consanguinité. Cela l'amène à défendre les races locales françaises contre l'administration des Haras qu'il accuse – non sans raison – de ne s'intéresser qu'au pur-sang anglais. Il élabore aussi, sous l'influence de l'école anthropologique de Broca, un système de classification et de filiation des races chevalines d'après leurs caractères craniométriques, système quelque peu fantaisiste mais auquel certains spécialistes persistent à se référer.

Le deuxième grand changement introduit au XIXe siècle concerne la finalité des races. En rupture délibérée avec l'objectif traditionnel de

> "Le modèle bourgeois [est] un cheval tout rond, sans ligne, net et propre, sans vices ni vertus [...]. Mais l'homme de cheval authentique, l'aristocrate, se reconnaît d'un seul coup d'œil à sa monture : ample charpente, grande silhouette, longues lignes heurtées de l'anglais."
> Goyau, *Le Commerce des chevaux*, 1885

TABLEAU DES PRINCIPALES RACES 81

De 1,70m au garrot et 1200 kg (Brabant) à 50 cm et 60 kg (Falabella), des plus rustiques (Camargue) aux plus sophistiqués (pur-sangs), il y a des chevaux pour tous les goûts et pour tous les usages :

1. Lippizzan
2. Clydesdale
3. Camargue
4. Orlov
5. Trait lourd belge. Brabant
6. Poney Welsh
7. Appaloosa
8. Percheron
9. Arabe
10. Falabella
11. Haflinger
12. Shetland
13. Palomino
14. Cleveland bay
15. Anglo-arabe
16. Andalou
17. Pinto
18. Trotteur américain
19. Criollo
20. Toscan
21. «Hackney horse»
22. «Quarter horse»
23. Barbe
24. Hanovrien
25. «Tennessee walking horse»
26. Demi-sang irlandais
27. Cheval de selle américain
28. Trotteur français
29. Pur-sang anglais
30. Morgan

Les courses de galop, avec ou sans obstacles, telles qu'elles passèrent d'Angleterre sur le Continent, trouvent leur origine dans les *cross-country* qu'affectionnaient les cavaliers anglais, ces champions de l'équitation d'extérieur. La technique de monte en course elle-même dérivait de la nouvelle équitation «naturelle» venue d'outre-Manche, et qui irritait tant les «perruques poudrées» des manèges. L'opposition entre «hippique» et «équestre» ne date pas d'hier.

polyvalence de la plupart des types régionaux, les instances dirigeantes de l'élevage s'orientent vers la recherche de races très spécialisées, conçues pour l'obtention de records. Alors que les critères esthétiques avaient dominé pendant deux siècles – tout «beau» cheval était un «bon» cheval –, on privilégie désormais, soit la taille, la puissance, la «masse» pour les races de trait – clydesdale, shire, suffolk punch, brabançon, ardennais, breton, percheron, comtois… –, soit au contraire, avec la vogue des courses et du pur-sang, l'ampleur de la cage thoracique, la force de l'arrière-main, la vitesse, la nervosité – en un mot le «sang», comme l'on dit dans le jargon hippique.

Les courses : tout un monde

Les courses de chevaux sont aussi vieilles que l'attelage

et que l'équitation. Et presque aussi répandues : en Europe, jusqu'à une époque encore récente, il n'y avait guère, dans les régions d'élevage équin, de fête patronale ou de village qui ne donnât lieu à quelque confrontation montée ou attelée.

Sous leur forme moderne, les courses et surtout les champs de courses ouverts au public sont anglais et datent du début du XVIIIe siècle. Introduites sur le continent, les premières courses régulières de galop, «à l'anglaise», ont lieu à partir de 1775 à Paris dans la plaine des Sablons puis sur le Champ-de-Mars qui ressemble fort, alors, à un champ de foire :

Le succès des courses était le résultat d'une curieuse alchimie : le spectacle attirait le public, qui attirait à son tour les riches propriétaires en mal de notoriété. La logique de la compétition exigeait de constants dépassements, une sélection toujours plus poussée des montures,

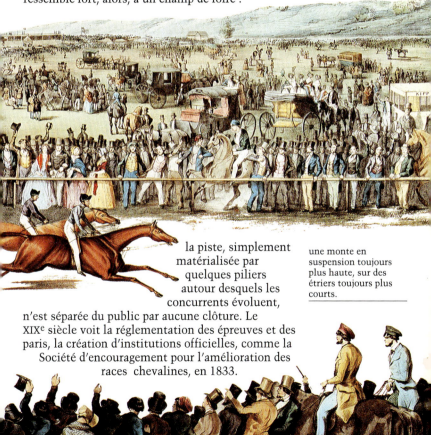

la piste, simplement matérialisée par quelques piliers autour desquels les concurrents évoluent, n'est séparée du public par aucune clôture. Le XIXe siècle voit la réglementation des épreuves et des paris, la création d'institutions officielles, comme la Société d'encouragement pour l'amélioration des races chevalines, en 1833.

une monte en suspension toujours plus haute, sur des étriers toujours plus courts.

Le galop volant

Le faux *Derby d'Epsom* consacre la vogue d'un phénomène social où l'Angleterre est pour beaucoup : les courses de chevaux. Cet engouement ne cessera plus de croître, en France, jusque sous le second Empire. [...] L'usage de la photographie change la perception visuelle de

la course. Les travaux de Muybridge et Marey qui décomposent en images le mouvement prouvent que le cheval au galop n'a pas comme on le *voyait* – et comme le peint Géricault – les jambes *écartées*, mais au contraire presque réunies, jusqu'à se toucher sous le ventre de l'animal.

Régis Michel,
Géricault, L'Invention du réel, 1992

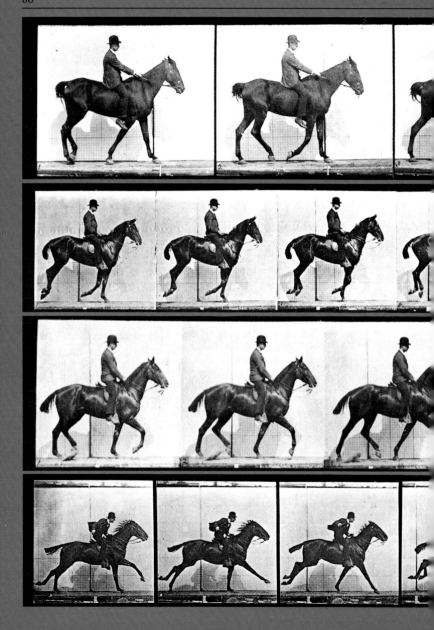

Les leçons de Muybridge

Il a fallu l'invention de la photographie, et plus particulièrement les clichés réalisés en 1878 par l'Américain Edward Muybridge – avec vingt-quatre appareils alignés que l'on déclenchait au passage d'un cheval – pour que l'on comprenne enfin le mécanisme du galop. Les premières épreuves de Muybridge arrivèrent à Paris en 1879 où elles furent accueillies par une complète incrédulité, leur auteur étant même traité de farceur. C'est un officier français, le lieutenant-colonel Duhousset, qui, le premier, a montré, au moyen d'un zootrope, que les séries de Muybridge reproduisaient exactement les attitudes d'un cheval en mouvement. En peinture, Degas commença dès 1880 à rompre avec le représentation conventionnelle du galop (*Chevaux de course à Longchamp*, p.85); ce qui n'empêcha pas Gustave Le Bon d'écrire, en 1892, dans son ouvrage *L'Equitation actuelle et ses principes* : «Muybridge [...] rendit un grand service à la science, mais il exerça la plus détestable influence sur la peinture équestre.»

Dans Regent Street, à Londres, à la fin du XIXe siècle (ci-dessus), on se plaint déjà du bruit – celui des sabots ferrés et des roues cerclées de métal sur les pavés – et des encombrements de la circulation. Ces derniers sont surtout intenses en fin d'après-midi, quand se croisent «circulation professionnelle» et «circulation mondaine», et résultent de l'hétérogénéité des véhicules et des attelages, les uns très lents et les autres rapides, de l'émotivité naturelle des chevaux, à l'origine de nombreux accidents, ainsi que de l'insuffisance des règles de circulation.

Enfin la constitution autour des courses de tout un réseau de relations mondaines érigeant les hippodromes en annexes du faubourg Saint-Germain et du Jockey-Club, fondé en 1835, hauts lieux du dandysme.

Une science sous influence

Pourquoi la seconde moitié du XIXe siècle, époque de l'essor industriel et de la mécanisation des transports, est-elle ainsi saisie d'une fièvre innovatrice sans précédent en matière de zootechnie équine?

Les classes sociales qui s'affrontent alors, notamment en France et en Angleterre, revendiquent chacune un type de cheval adapté à ses attentes matérielles mais surtout à ses besoins d'identification, de «paraître», de «distinction» sociale : la noblesse se passionne pour le pur-sang fougueux et taillé pour la course – il lui faut coûte que coûte «tenir son rang» –, et la bourgeoisie naissante recherche plutôt des animaux aux rondeurs évocatrices d'opulence, puissants et sûrs, sans défauts ni grandes qualités.

Ainsi, la diversité des races chevalines issues du XIXe siècle correspond moins à des usages qu'à des groupes sociaux. Noble ou roturier, militaire ou civil, chacun a voulu «sa» race dans laquelle il pourrait s'investir et se reconnaître.

Le cheval de trait et la société préindustrielle

Au XVIIIe siècle, l'ancien système d'usage polyvalent de chevaux divers et mal définis, dont l'élevage extensif était la spécialité des régions pauvres, commence à céder la place, dans les zones de grandes exploitations céréalières, à une utilisation agricole

"Tous les autres voyageurs, alignés et muets, [...] avaient l'air d'une collection de caricatures, d'un musée des grotesques, d'une série de charges de la face humaine, semblables à ces rangées de pantins comiques qu'on abat, dans les foires, avec des balles. Les cahots de la voiture ballottaient un peu leurs têtes, les secouaient, faisaient trembloter la peau flasque de leurs joues ; et la trépidation des roues les abrutissant, ils avaient l'air idiot et endormis."

Maupassant, *La Dot*, 1884

plus intensive de ces animaux.

Les chevaux de trait de divers modèles, des plus aristocratiques aux plus grossiers, sont aussi nombreux sur les routes et dans les villes : près de 100 000 dans Paris, dont 15 000 à la seule Compagnie des omnibus, où leur entretien nécessite des installations et un personnel considérables. Dans les mines, où on les descend une fois pour toutes, jusqu'à leur mort, des chevaux parcourent chaque jour 20 à 30 kilomètres de galeries en traînant six ou sept wagons chargés de 4 tonnes de houille ou de minerai. D'autres, sur des chemins de halage, tirent une péniche de 60 à 100 tonnes sur une distance de 25 à 30 kilomètres. Quant à l'armée, elle entretient en permanence 30 000 à 40 000 chevaux. Pendant la guerre de 1914-1918, on estime que la seule armée française «consomma» 700 000 chevaux – chiffre hallucinant si l'on songe que la cavalerie traditionnelle ne jouait déjà plus de rôle majeur dans les batailles.

Du fait de l'omniprésence des chevaux, le charretier, le cocher, le postillon, le palefrenier, l'étalonnier, le maréchal-ferrant, le maquignon, l'équarrisseur, constituent alors des figures habituelles de la société traditionnelle. Mais à côté de ces spécialistes, on trouve encore, en ville comme à la campagne, un grand nombre de personnes auxquelles les chevaux sont familiers.

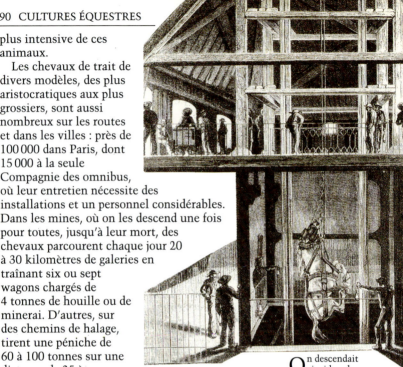

On descendait ainsi les chevaux dans la mine, au Creusot, à la fin du XIXe siècle.

Des équitations de travail

Sur presque tous les continents, des chevaux travaillent aussi montés. La guerre, la chasse, et surtout la garde et le maniement du bétail ont longtemps nécessité des montures spécialement sélectionnées et dressées – et les nécessitent encore aujourd'hui dans de nombreuses régions d'élevage extensif d'Asie, d'Australie, d'Amérique du Nord et du Sud, d'Espagne ou de France – en Camargue.

Les équitations de travail, soumises à de fortes contraintes de productivité, recherchent avant tout rapidité et efficacité. Les jeunes chevaux sont soumis à un débourrage qui doit prendre le moins de temps possible – quelques jours. Objets d'une sélection impitoyable, leur dressage reste forcément sommaire, et leurs éventuelles désobéissances sont sévèrement réprimées.

Le postillon n'entrait dans ses bottes – énormes, rigides, bourrées de paille, pesant plus de 4 kilos chacune – qu'au moment de monter à cheval car elles restaient fixées à la selle. Pour cela, il enjambait la selle à terre et s'installait dans ses bottes, puis l'ensemble était soulevé par deux aides, un troisième faisant reculer le cheval sous la selle.

Une vue de la circulation hippomobile place Clichy, à Paris, en 1896 (ci-dessous).

Parfois jugées brutales, ces équitations sont cependant adaptées aux conditions d'un travail éprouvant, voire dangereux, dans un environnement hostile. L'équitation militaire elle-même n'est qu'une forme d'équitation de travail parmi d'autres, et les cavaleries en temps de guerre ont toujours été expertes dans l'art de rendre recrues et chevaux de remonte opérationnels en un minimum de temps – puisque aussi bien ces bêtes étaient promises à un rapide sacrifice.

Ces pratiques très ciblées ont notamment développé des allures particulières qui permettent de chevaucher longtemps sans fatigue, comme l'amble, très apprécié en de nombreux endroits d'Europe et d'Asie, ou les trots à quatre temps : tölt islandais, pasos colombiens et péruviens…

Les équitations de travail sont caractéristiques des «peuples cavaliers». Il peut s'agir soit de tribus à économie pastorale dominante – comme les Mongols ou certains nomades turcs, iraniens ou berbères –, soit plus simplement de sociétés dont tous les membres, hommes, femmes et enfants, montent peu ou prou à cheval.

Le *bozkashi* afghan (ci-dessus et ci-contre), où l'on se dispute la dépouille d'un veau ou d'une chèvre (persan : *boz* + *kashi*, du verbe *kashidan*, «tirer»), exige sens de l'équilibre et courage physique.

Dans toutes ces sociétés, l'équitation vient aux enfants, tel le maniement des chevaux de trait à d'autres, comme une seconde nature. Alors qu'il faut bien des heures d'un douloureux et périlleux apprentissage à un jeune Européen pour apprendre à se tenir tant bien que mal à cheval, c'est un spectacle courant chez les nomades d'Iran que celui d'un troupeau de plusieurs dizaines de chevaux conduit au pâturage par un gamin juché à cru sur la jument de tête équipée d'un simple licol.

Les Mongols usent d'un lasso monté sur une longue perche (ci-dessus), les cow-boys américains d'un lasso simple, les gauchos argentins de bolas (lanières lestées de pierres).

Des équitations savantes

Aux peuples cavaliers s'opposent les sociétés où l'équitation est réservée à une minorité, soit par nécessité de métier ou de fonction, soit par privilège de classe, soit encore pour ces deux motifs réunis – comme dans le cas de la chevalerie médiévale –, et celles où l'équitation, n'ayant plus d'utilité à proprement parler, est devenue un luxe. C'est généralement dans de tels contextes que les techniques équestres atteignent leur plus haut degré de perfectionnement, ou en tout cas un raffinement que les équitations de travail ne peuvent généralement pas se permettre – ce qui explique d'ailleurs en grande partie la remarquable lenteur de l'élaboration des techniques d'équitation au cours de l'histoire.

La haute école

L'équitation «d'école» comporte deux étapes : la «basse école», soumission complète du cheval et exécution parfaite d'exercices ou «airs» aux allures naturelles, et la «haute école», visant à obtenir un cheval «rassemblé», qui engage sous lui ses membres postérieurs sans contrainte de la main du cavalier, et à lui faire exécuter des «airs» plus ou moins complexes dans des allures relevées. Ici, de haut en bas et de gauche à droite : le passage, la pirouette au galop à gauche, la levade, le piaffer.

Chevaux de roi

La haute école naît dans les académies d'Italie puis de France au milieu du XVIᵉ siècle. Le gouvernement des hommes étant assimilé au dressage des chevaux, on apportait un soin particulier à l'éducation équestre des princes : Louis XIII reçut la sienne de Pluvinel, et Louis XV de La Guérinière, qui porta la haute école à un niveau jamais dépassé depuis. De haut en bas et de gauche à droite : la pesade, la volte au galop à gauche, la volte au galop à droite, la pirouette au galop à droite.

L'équitation savante existait déjà dans l'Antiquité – l'un des premiers ouvrages d'équitation est dû à Xénophon (mort vers 355 avant notre ère) – et dans l'Islam médiéval, qui produisit de nombreux *Farasnâmeh*, traités d'hippologie en arabe ou en persan. Mais c'est dans les «académies», créées au XVIe siècle à Naples et à Ferrare par les écuyers Grisone et Pignatelli, et dont la mode se répand dans toute l'Europe au cours des siècles suivants, qu'elle atteint son plus haut degré de raffinement avec le développement des exercices de haute école. Tirant son origine de l'entraînement au combat à cheval, l'équitation savante, promue au rang d'«art équestre», s'est ensuite développée de manière autonome en tant que passe-temps de la noblesse de cour, avec toutefois de grands innovateurs comme Pluvinel (1550-1620), Newcastle (1592-1676) et surtout La Guérinière (1688-1751), qui eurent la

tâche délicate de mettre à cheval la plupart des têtes couronnées de l'époque.

Querelles d'écuyers

Au XIXᵉ siècle, dénoncé comme un luxe superflu par les militaires et certains civils qui, derrière d'Aure (1799-1863), prônent une équitation «naturelle», le dressage de haute école a tendance à se rapprocher du cirque, notamment avec François Baucher (1796-1873), le « père de l'équitation moderne », qui se définit d'ailleurs lui-même comme un saltimbanque. Lorsque, après Sedan, l'équitation n'a plus servi à faire la guerre, l'armée s'est réapproprié l'équitation savante dont elle est devenue le conservatoire avec le Cadre noir de Saumur. L'équitation militaire a donc toujours oscillé entre équitation de travail – sous la forme de l'équitation de campagne – et équitation savante, selon un principe qui pourrait ainsi s'énoncer : moins les cavaliers sont à la guerre, plus ils sont à la parade.

Alors que les équitations de travail visent avant tout l'efficacité, les

Dressage à pied par un écuyer du Cadre noir de Saumur : la croupade (à gauche).

Cabriole travaillée aux piliers (ci-dessous, en haut). La méthode, inventée par Pluvinel pour dresser les chevaux de haute école aux allures relevées, consiste à faire travailler l'animal sur place en lui attachant la tête entre deux piliers espacés de 1,30 m.

Exercice sur la volte au galop à droite (ci-dessous, en bas).

équitations savantes recherchent la perfection dans la réalisation, par le cheval dressé, de mouvements – appuyés, piaffer, passage, pirouettes, sauts, etc. – que l'animal n'effectue pas spontanément à l'état naturel. Les moyens à mettre en œuvre pour parvenir à ce résultat ont fait et font encore l'objet de polémiques sans fin entre les cavaliers regroupés en chapelles autour d'écuyers rivaux.

Dressage des chevaux et gouvernement des hommes

Sous l'Ancien Régime, l'équitation est l'apanage presque exclusif de la noblesse. Pour elle, le cheval représente à la fois l'instrument du pouvoir politique et de la domination militaire, et l'insigne qui permet de distinguer le maître de la piétaille, l'aristocrate du roturier, l'officier de la troupe. D'où la préférence affichée, en haute école, pour les chevaux comme les genets et les andalous, «construits en montant», avec une encolure dressée, rouée, et des membres antérieurs aux actions «relevées», contrastant avec une croupe surbaissée par l'«engagement des postérieurs sous la masse» de l'animal. Sous l'influence des idées de Descartes, le cheval est alors perçu comme une «mécanique», prétexte commode pour le contraindre par de sévères moyens, mors de bride à longues branches et éperons à grosses molettes. Le dressage du cheval est enfin considéré, pour les jeunes princes, comme le meilleur apprentissage du gouvernement des hommes... On ne s'étonnera pas, dans ce contexte, que la Convention démantèle les régiments de cavalerie, qu'elle dénonce comme des repaires de ci-devant.

Différents mouvements exécutés sur des lipizzans à l'Ecole espagnole de Vienne.

Fondée à Vienne en 1729, plusieurs fois déplacée, puis de nouveau à Vienne depuis 1955, l'Ecole espagnole doit son qualificatif à l'origine des chevaux, tous entiers, qu'elle utilise. Ce conservatoire (en haut à droite) proclame son attachement aux enseignements de La Guérinière et exécute les «airs» comme à Versailles au XVIIIe siècle.

ENTRE MÉCANIQUE ET PSYCHOLOGIE 101

Remise à l'honneur par Napoléon, l'équitation connaîtra des formes et des méthodes en rupture totale avec celles de l'Ancien Régime : le choc des cavaleries chargeant sabre au clair, au galop à fond, succède à l'ordre impeccable des carrousels et à la sophistication des manèges académiques. En matière de dressage, on apprendra peu à peu à composer avec le cheval, à manier la carotte aussi bien que le bâton. L'équitation perdra de son caractère mécanique pour devenir une «psychologie».

Héritier d'une école de cavalerie installée à Saumur depuis 1763 et fondé en tant que tel en 1825, le Cadre noir (ainsi appelé en raison de son uniforme) eut d'emblée une double vocation : manège académique et centre de formation de cavaliers militaires – de cadres sportifs aujourd'hui (un élargissement de sa mission dont témoigne, depuis 1972, son nom d'Ecole nationale d'équitation). Brillants cavaliers de dressage, les écuyers du Cadre noir sont aussi des cavaliers d'extérieur rompus aux diverses disciplines équestres. Ci-dessous, un exercice de haute école : la courbette sur le cercle.

« Ne frémissez pas dans votre tombe devant l'appareil de ces équitants, mânes de Newcastle et de La Guérinière, devant ces ponies, corde au cou, poil collé, sabots boueux, robe sans couleur ; ainsi le veulent nos temps difficiles ! [...] Panards ou cagneux, lourds à la main, des chevaux sont toujours aimables. Que l'art équestre en soit offensé, nous ne le croyons pas. Et vive la crinière, cette cinquième rêne, ultime ressource des trekkers débutants ! »

Paul Morand,
Anthologie de la littérature équestre, 1966

CHAPITRE VII
L'ÈRE DU CHEVAL DE LOISIR

Entre la compétition, forcément réservée à une élite (à droite), et les loisirs équestres (page de gauche, randonnée dans le cirque de Gavarnie), le fossé ne cesse de se creuser..

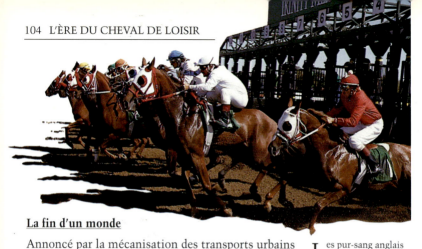

La fin d'un monde

Annoncé par la mécanisation des transports urbains et ruraux, et du travail agricole, le déclin du cheval de trait coïncide avec le début, dans les années 1950, de la «fin des paysans» processus qui n'a cessé de s'accentuer, depuis, dans les pays industrialisés. Les chiffres sont éloquents : le nombre des chevaux en France est de 300 000 en 1990, derrière l'Allemagne (350 000) mais devant l'Italie (270 000), l'Espagne (240 000) et le Royaume-Uni (150 000), le total pour la CEE étant de 1 600 000 animaux. Autrefois les plus nombreux, les chevaux lourds ont fortement décliné. Et l'avenir de leurs utilisations (boucherie, débardage de bois en forêt, tourisme en roulotte, épreuves de

Les pur-sang anglais sont les rois des courses de galop ; la plupart des épreuves leur sont d'ailleurs réservées. Très précoces, ces chevaux commencent à courir à deux ans mais font des carrières courtes. Sur moins de 2 000 m, leur vitesse peut dépasser 60 km/h.

traction – qui font fureur au Japon –, concours d'attelage et de labour) est pour le moins incertain.

Le grand gagnant : le cheval de course ou le parieur ?

1954 : la création du tiercé en France marque un grand tournant. Suite à cet immense succès populaire, les épreuves se multiplient pour permettre tous les paris possibles et leur diversification en jeu simple, simple report, doublé, jumelé, quarté, quinté.

De fait, c'est tout le paysage équestre occidental, qui, en cette fin de siècle, est marqué par la prééminence des courses. Le nombre et l'importance des paris, leur rôle dans l'encouragement et l'amélioration de l'élevage équin, les placent largement en tête des activités de la «filière cheval». Paradoxalement, le moteur du «secteur courses» est bien plus le goût du jeu que l'attrait pour le cheval. L'immense majorité des parieurs ne connaît d'ailleurs rien à cet animal et nourrit même à son égard une totale indifférence, le considérant comme un «accessoire de course situé sous le jockey ou devant le driver» (G. Konopnicki). Les

Rurales d'origine, et très populaires, les courses de trot, qu'elles soient attelées (comme ici) ou montées, n'en sont pas moins très techniques : il n'est pas si évident de pousser un cheval au maximum de sa vitesse – Ourasi a dépassé 50 km/h – tout en l'empêchant de se mettre au galop, «faute» qui entraîne, en course, sa disqualification. Les trotteurs nécessitent donc un enrênement particulier et surtout un dressage très poussé ; leur carrière est plus tardive mais aussi plus longue que celle des galopeurs. Une fois celle-ci terminée, les uns comme les autres se révèlent difficiles à reconvertir en montures ordinaires. Ces questions techniques laissent froids la plupart des parieurs qui se pressent aux guichets (ci-dessus, à Vincennes).

turfistes sont plus nombreux à se presser devant les guichets du PMU ou les échoppes des bookmakers qu'à l'entrée des hippodromes ; et si certains assistent toutefois à des courses, et participent de la voix à l'immense clameur qui accompagne toujours les chevaux à l'approche du poteau d'arrivée, c'est parce qu'ils voient, dans ces «parenthèses entre les paris», le plus court «chemin obligé du guichet à la caisse».

Trop ou galop ?

Héritage de l'anglomanie du XIXe siècle, les courses de galop et d'obstacles sont réservées aux chevaux de pur-sang anglais. Malgré l'existence de traditions russe, anglaise ou américaine de trot, c'est en France que les courses de trot attelé ou monté ont atteint leur plus grand succès : elles y représentent actuellement 60 % des épreuves. Le «trotteur français» est un «demi-sang» issu du croisement de différentes souches régionales.

Courses de galop et courses de trot ont gardé jusqu'à nos jours l'empreinte de leurs origines : on peut parler d'un «monde du galop» et d'un «monde du trot» relativement fermés l'un à l'autre, le premier plus structuré, plus impénétrable et plus «mondain», avec sa hiérarchie de lads, de jockeys et d'entraîneurs,

Les courses d'obstacles (ici, à Cheltenham) sont les plus spectaculaires et aussi les plus dangereuses, pour les chevaux comme pour les jockeys.

ses grandes écuries et ses propriétaires aux noms prestigieux – Rothschild, Boussac, l'Agha Khan, les émirs du Golfe et quelques riches propriétaires japonais –; le second nettement plus populaire, avec ses chevaux vedettes, fortement médiatisés – Gélinotte, Idéal du Gazeau, Ourasi –, bien souvent détenus par des groupements de copropriétaires, dont certains sont aussi entraîneurs et drivers.

Des sports équestres au «cheval vert»

Autre paradoxe : c'est dans les périodes où la fonction «utilitaire» du cheval décroît que se produisent les révolutions équestres. Depuis que le cheval ne «sert» manifestement plus à rien, l'équitation sportive et de loisir a enregistré en Occident un essor sans précédent, dont les succès en haute compétition, très médiatisés, ne représentent que la partie la plus visible. Depuis la diffusion à la télévision des grandes compétitions internationales de jumping et des épreuves des jeux Olympiques, les cavaliers, et plus encore leurs chevaux, deviennent des stars populaires.

Mais à côté des disciplines canoniques que représentent le dressage, le saut d'obstacles et le concours complet – combiné des deux précédents plus cross – sont apparues des spécialités nouvelles comme l'équitation sur poney, la randonnée, l'endurance, le *horse-ball*, etc. Bien qu'elles n'aient pas accédé à un statut olympique, ces disciplines peuvent dorénavant être considérées comme installées et reconnues.

A nouveaux cavaliers, nouvelle culture équestre

Les cavaliers ont changé. Hier aristocrates ou militaires, hommes en tout cas, ils sont aujourd'hui, en majorité des femmes des classes moyennes. La «démocratisation» de l'équitation – ou plutôt sa «massification», c'est-à-dire l'investissement du champ équestre par des catégories sociales qui s'en trouvaient exclues auparavant – se traduit par l'irruption d'attitudes et d'idées nouvelles dans un champ de pratiques réputées «fermées», en raison de la formation technique et de la disponibilité de temps qu'elles réclament, de leur cherté et de l'image «haut de gamme» qu'elles continuent d'avoir. C'est la

A la différence des courses d'obstacles, les CSO (concours de saut d'obstacles) – ici, au «Master» de Paris – ont lieu individuellement et sur des enchaînements d'obstacles rapprochés, entre lesquels les chevaux ne peuvent

prendre que quelques foulées d'appel. On joue donc ici moins sur la vitesse que sur la puissance et la souplesse de la monture. Le rôle du cavalier dans la direction et la propulsion du cheval est essentiel : ses «aides» doivent être d'une précision parfaite. Un bon cheval bien monté peut «sauter des montagnes» : les records mondiaux homologués par la Fédération équestre internationale sont de 2,72 m en hauteur et de 8,40 m en longueur.

superposition de ces deux strates sociales et culturelles qui confère au monde du cheval ses actuels contrastes, caractéristiques des situations de transition.

Les motivations des récents adeptes de l'équitation – attrait pour l'animal, recherche du contact avec la nature, goût pour le régionalisme et même pour un certain exotisme – annoncent la probable expansion de pratiques autrefois marginales, voire méprisées par les cavaliers classiques : longuement mûris par la clémence du climat méditerranéen et par le talent ludique des Méridionaux, la grande randonnée équestre, la monte «western», le *horse-ball* – dérivé du *pato* argentin –, la *doma vaquera* espagnole, tendent aujourd'hui à faire tache d'huile vers le nord.

Les chevaux aussi changent : arabes, barbes, quarter-horses, appaloosas, pintos, palominos, andalous, lusitaniens attirent de plus en plus d'amateurs, déçus par le rebut des courses dont se compose la cavalerie de la plupart des clubs.

Venue de Grande-Bretagne, où elle est très développée et depuis fort longtemps, l'équitation sur poneys a été l'un des moteurs du changement des pratiques équestres en Occident.

Vers un nouveau statut culturel du cheval

Le cheval occupe, aujourd'hui, dans la hiérarchie des animaux domestiques, une position intermédiaire entre le groupe des animaux utilitaires et de rente, dont il ne fait déjà plus partie, et celui des animaux de compagnie, qu'il est en passe de rejoindre. Il arrive en troisième position des animaux préférés des Américains du Nord et

des Européens, après le chien et le chat, et un nombre croissant d'amateurs acquièrent des chevaux à seule fin de... ne pas les utiliser. Ce changement de statut culturel du cheval est lié à l'émergence de sensibilités nouvelles à l'égard des animaux familiers, selon lesquelles ceux-ci doivent être traités sur un pied d'égalité avec l'homme, l'attitude contraire étant dénoncée comme «spéciste».

Les milieux équestres doivent compter désormais avec ces attitudes zoophiliques : anthropomorphisme croissant des représentations du cheval, multiplication des «maisons de retraite pour chevaux» et des «refuges pour équidés martyrs», critique de plus en plus intransigeante des pratiques jugées «inhumaines» comme la caudectomie, le

surharnachement des trotteurs, le barrage des chevaux d'obstacle et surtout l'hippophagie, pourtant imposée, en France, au XIXe siècle, par des membres de la SPA. L'essor des sports équestres depuis 1970 a eu pour moteur un engouement nouveau pour l'animal – et pour résultat le maintien de son élevage. Or, sous l'influence du mouvement zoophilique, cet engouement peut aussi, si l'on n'y prend pas garde, conduire à l'évolution inverse. Certaines associations commencent déjà à dénoncer l'utilisation du cheval dans les sports et les loisirs, utilisation qui serait, affirment-elles, la source d'incessantes tortures pour ce malheureux quadrupède. Les compétitions de trot, d'endurance et d'obstacle sont contestées ; demain, ce sera peut-être le dressage, les éperons, la cravache ; après-demain, la selle et le mors...

Que restera-t-il des chevaux si, après avoir été exclus des batailles, des travaux agricoles et des transports, ils sont aussi éliminés des champs de course et des manèges ? On a déjà, venu d'Amérique, le poney Falabella, «cheval d'appartement» de 50 cm au garrot. Verra-t-on, à l'ère du cheval de sport et de loisir, succéder celle du «cheval de compagnie» ?

Le rajeunissement et la féminisation de la population des cavaliers (page suivante, Marie Sara, toréant à cheval), le renouvellement des méthodes d'enseignement (page de gauche), la diffusion de nouvelles disciplines comme le

horse-ball (ci-dessus) et l'émergence d'une nouvelle image, plus ludique, moins élitiste, des sports et des loisirs équestres, sont en grande partie dus aux poneys. En revanche, leur petite taille, leurs formes arrondies et leur abondante toison (au centre, Falabellas), contribuent à les faire considérer – à tort – comme des peluches.

TÉMOIGNAGES
ET DOCUMENTS

Comme un jeune poulain dans les champs pleins de fleurs
sans songer à ton maître, à sa chute, à sa perte
Tu cours, crinière au vent, et vas chercher ailleurs
l'orge, la bonne eau fraîche et la douce herbe verte.
Théognis (VIe siècle avant notre ère)

De la tenue du cavalier

Les cavaliers ont toujours porté une extrême attention à leur tenue vestimentaire. Les considérations pratiques qu'ils invoquent souvent pour justifier leur choix d'une tenue traditionnelle – protection de la bombe, commodité de la veste de concours – ne doivent pas faire illusion. Les véritables raisons se situent ailleurs : il s'agit de « paraître à son avantage », de se « distinguer » de la piétaille, de signifier que n'appartient pas qui veut au « monde du cheval ».

De la tenue et du costume de manège

Pour qu'un cavalier soit commodément et solidement à cheval et qu'il y paraisse de la manière la plus avantageuse, il importe que son costume soit gracieux et susceptible de résister aux mouvements du cheval sans en éprouver de désordre, comme cela arrive avec les vêtements de fantaisie. Tous les auteurs d'équitation et tous les écuyers qui ont dirigé les écoles les mieux ordonnées, ont rappelé les élèves à une tenue uniforme. Je le fais à mon tour avec d'autant plus de raison qu'aujourd'hui l'on semble choisir pour cet exercice les habits les plus incommodes, les moins gracieux et qui se délabrent le plus facilement. On verra par la suite que cet objet a plus d'importance qu'on ne le croit généralement.

Supposant une école modèle, dont les élèves seraient susceptibles de manœuvrer militairement, je conseillerais le frac bleu ou vert, large de poitrine, serré de la taille et boutonnant de haut en bas ; la casquette militaire en cuir verni, garnie d'une mentonnière servant à la fixer solidement sur la tête quand on monte les sauteurs ; le pantalon de drap gris pour l'hiver, et de coutil blanc pour l'été ; large d'enfourchure et juste sur le genou ; des bottes à l'écuyère, molles ou

demi-fortes, des éperons vernis dits de manège et des gants de daim.

Cette tenue de manège est la plus convenable et celle qui résiste le plus quand on travaille sérieusement. C'est surtout les bottes qui sont de rigueur, car, outre la difficulté de voir la position des élèves quand ils sont comme enjuponnés dans des pantalons à la mameluck, rien n'est si disgracieux et plus incommode que des selles à la française.

Avec des chevaux équipés uniformément, des élèves en tenue ajoutent beaucoup d'éclat au coup d'œil des reprises et des manœuvres; il y a aussi l'avantage de pouvoir aller dehors en marchant par colonne; il ne faut qu'avoir vu quelquefois ces bandes disparates d'hommes et de chevaux qu'on appelle *promenades de manèges* pour sentir la vérité de mon observation.

Aubert,
Traité raisonné d'équitation,
Paris, Anselin, 1836

L'Allemand élégant à cheval en 1890

Il est contre le bon goût d'orner, de quelque manière que ce soit, la bride, de monter sur une selle brodée, de se servir de tapis de selles multicolores et à plus forte raison brodés; les seuls objets qui aient le droit de briller dans le harnachement du cavalier civil, ce sont : le mors, les boucles et les étriers, qui doivent rivaliser d'éclat avec l'argent... Que la bride soit en cuir jaune et assez large, le cuir noir étant réservé aux militaires.

En ce qui concerne l'habillement, la plupart des erreurs sont dues au puéril désir du cavalier de rivaliser, à cheval (mais le plus souvent à pied), avec le hautain cavalier professionnel. Les Anglais, passés maîtres en tout ce qui concerne les vêtements de sport, font une distinction très nette entre l'habillement pour monter à cheval en ville, et celui de l'équitation rurale. Ils ont pleinement raison.

En ville, ou dans les environs, le cavalier devra porter le chapeau haut de forme, la jaquette noire, munie extérieurement d'une seule poche, la cravate pliée, et non pas nouée; les pans de l'habit seront arrondis; longs mais pas trop, les pantalons noirs, gris ou beige uni à sous-pied, pas d'éperons, des chaussures vernies à talon large et bas, les gants en peau de chien claire. En ville la cravate est de soie noire.

Le chapeau haut de forme est indispensable; il est plus léger que les ordinaires chapeaux melon et il a cet avantage que, quand il est mouillé par la pluie, en un tour de main il retrouve tout son luisant, de l'attacher par un élastique au premier bouton de la jaquette, pour être sûr que le vent ne l'emportera pas; élastique noir en ville, rouge à la chasse. Les cravates nouées ont tendance à se défaire, aussi les cavaliers expérimentés leur préfèrent-ils la cravate pliée, dite *scarf*, comme font les Anglais, à trois tours.

Par ailleurs, des culottes trop étroites et collantes, non seulement fatiguent les muscles des genoux, mais empêchent une position correcte des cuisses et des mollets.

Par contre, pour l'équitation dans la campagne ou au manège, la casquette ainsi que la jaquette de cheval et les bottes sont tout indiquées. En ville, pas de bottes, sauf vernies, noires naturellement. Mais il est indispensable que la culotte soit large et comporte des plis jusqu'au genou, mais à partir de là seulement, soit très collante.

G. Wrangel,
cité in *Anthologie de la littérature équestre,* Paul Morand, 1966

La querelle d'Aure-Baucher

D'Aure (1799-1863) et Baucher (1796-1873) furent, chacun à leur manière, de grands novateurs. Si leur rivalité a pris parfois des allures de querelle des Anciens et des Modernes, de « bataille d'Hernani » équestre, c'est surtout à cause des excès de leurs partisans respectifs, et pour des raisons dans lesquelles « l'art équestre n'avait sans doute pas une grande part » affirmera le Général Decarpentry, lui-même grand « bauchérisant ».

En 1842, Baucher publia sa « Méthode d'équitation basée sur de nouveaux principes ». [...]

[...] le nom seul de l'auteur suffit pour qu'on s'arrachât le nouvel ouvrage, si bien qu'une deuxième édition dut suivre la première à trois mois d'intervalle, et deux autres dans la même année.

Sa lecture ne pouvait qu'irriter profondément tous les hommes de cheval éduqués à l'école traditionnelle, c'est-à-dire l'immense majorité d'entre eux.

« Je le dis hautement, écrivait Baucher, le rassembler n'a jamais été compris ni défini avant moi... », et il ridiculisait « la routine et les préjugés » de ses prédécesseurs dans l'art équestre.

Comment les maîtres et les élèves de Versailles ne se seraient-ils pas cabrés devant des attaques aussi peu mesurées contre les objets de leur juste vénération !

Le public fut bientôt divisé en deux camps fort échauffés... Au Cirque, les fidèles du novateur haussaient encore le ton de leurs acclamations, et ses détracteurs celui de leurs brocards.

Le vicomte d'Aure prit la tête du parti des défenseurs de la foi, et fit paraître ses « Observations sur la nouvelle Méthode d'équitation ». Derrière lui s'étaient rangés, parmi les professionnels, les maîtres des manèges du Luxembourg et de la rue Duphot, tandis que ceux des rues Saint-Martin et Sainte-Cécile, Pellier et de Fitte, étaient définitivement passés dans les rangs des disciples de Baucher. Le faubourg Saint-Germain, dont les fils prenaient les leçons du vicomte, montrait maintenant une froideur dédaigneuse aux représentations du Cirque. Le Jockey-Club affectait bien de se tenir hors de la querelle, mais lord Seymour inclinait vers les d'Auristes, tandis que le comte de Miramon devenait un des meilleurs élèves de Baucher, et que monsieur Mackenzie-Grieves, steeple-chaser renommé, venait aussi prendre les leçons du novateur.

Le monde des lettres et celui des arts n'étaient pas moins divisés. Lamartine rendait visite à Baucher rue Saint-Martin, tandis qu'Alexandre Dumas, membre du Club équestre du Luxembourg, se rangeait du côté des traditionalistes abandonnés par Eugène Sue, et par Delacroix.

La Cour elle-même prenait parti! mais l'accord ne régnait pas non plus aux Tuileries. Le duc d'Orléans était aussi venu à plusieurs reprises voir travailler Baucher dans son manège, tandis que le duc de Nemours, élève du vicomte d'Aure, et qui prenait volontiers le contre-pied des opinions de son aîné, se rangeait sous la bannière de son maître.

Quant au gros public, il avait opté en masse pour Baucher contre les traditionalistes qu'il appelait irrévérencieusement «les perruques». L'art équestre n'avait sans doute pas eu grande part dans la détermination de son choix, mais la politique n'avait pas manqué de s'introduire dans la querelle. Il plaisait aux bourgeois et aux «Héros de Juillet» d'acclamer un «fils du peuple» parvenu sans maîtres à la maîtrise, et de faire la nique aux «émigrés» survivants de Versailles.

Le nom de Baucher ne paraissait plus dans *Les Débats*. C'était le *National* qui chantait maintenant ses louanges. Clément Thomas[1] était naturellement dans le camp du novateur, et Laffitte, le banquier, dépassé dans son libéralisme par les événements, dans le camp opposé.

Aux pamphlets publiés contre Baucher répondaient ceux de ses partisans, sur un ton non moins acerbe. On y affectait d'écrire sans apostrophe «Monsieur Daure» pour désigner le vicomte, et la nouvelle méthode y était volontiers présentée comme une des conquêtes des «trois glorieuses».

L'armée gardait une prudente réserve, mais son attention était éveillée. Ce n'était pas par hasard que, dans la «nouvelle méthode» les cavaliers des planches explicatives portaient les uniformes de la cavalerie. Aux représentations du Cirque, Baucher abandonnait son costume inspiré de ceux des Écuyers de Versailles pour des tenues de coupe et d'aspect militaires. C'est que le cirque, pour lui, n'était qu'un procédé de publicité de la méthode, qu'il voulait introduire dans l'armée.

Cet habile détour n'avait pas échappé à la clairvoyance de ses adversaires, et les plus avisés d'entre eux, à commencer par le vicomte d'Aure, se gardaient bien de contester les succès spectaculaires de l'artiste. Ils refusaient simplement mais fermement, à sa nouvelle méthode, toute valeur pratique dans l'équitation usuelle, telle que la réclame l'emploi militaire du cheval.

Leur opinion était partagée par plusieurs des autorités de la cavalerie, et Baucher n'aurait eu que bien peu de chances d'arriver à ses fins, s'il n'avait eu la bonne fortune de gagner à sa cause le général Oudinot, qui l'introduisit dans l'armée comme Franconi l'avait introduit au cirque.

Général Decarpenty,
Baucher et son école,
Paris, Maison, 1948

1. Futur général de la Garde nationale, qui devait être fusillé par les Communards en 1871.

Le Cadre noir sur des chevaux de bois ?

Non, il s'agit du simulateur équestre, dernier né des écuries de l'Ecole nationale d'équitation de Saumur. Désormais techniquement au point, cette drôle de machine semble en mesure de tenir ses promesses pour l'instruction des cavaliers débutants, l'entraînement des champions ou la remise en selle des jockeys accidentés. Cela suffira-t-il pour faire oublier son coût et vaincre les préventions des amoureux du cheval en chair et en os ?

Un squelette métallique, une carcasse d'acier truffée de vérins et de vis...

Cette bête superbe c'est un robot, un artefact, un simulateur dynamique, capable de reproduire toutes les allures du canasson standard.

Dans un petit local de rien du tout, face au cavalier, un écran vidéo sur lequel défile un parcours d'obstacles digne des plus grands concours de jumping. Quand l'écuyer passe un à un les obstacles fictifs, l'encolure de la brave bête se soulève et elle retombe les quatre fers par terre sur son socle pour trottiner avant de s'élancer de nouveau. Jusqu'au bruit des pistons qui finit par ressembler à un vrai galop! Tout tremble dans le petit local : les vitres et même la table sur laquelle est posé un ordinateur de type Motorola, cerveau de cette cavalcade immobile.

A Saumur, où se déroule cette mise en selle surréaliste, on court, on galope après le rêve ambitieux d'un cheval artificiel capable de vous initier au saut d'obstacle ou de vous emmener aussi sec en balade en forêt sur sa coque en résine. Baptisé «Persival» (Programme d'études et de recherche pour la simulation du cheval), l'animal n'a rien à envier à la liberté de mouvement de Jolly Jumper. En un rien de temps – il suffit de trafiquer par ici, de mettre ce sélecteur sur cette position – vous transformez la vieille ganache en cheval olympique. Bref, il ne lui manque que la parole. [...]

C'est déjà un exploit de faire sauter et galoper ce cheval de silicium. Et là, chapeau! Pour un peu, on le bouchonnerait après l'effort! Les constructeurs du premier prototype se sont même échinés à restituer les déformations musculaires de l'animal, en glissant sous son encolure un matelas

Les composants du simulateur équestre Persival : le robot proprement dit (sur lequel s'installe le cavalier), monté sur des vérins électriques, est disposé face à un écran sur lequel on projette un concours de saut d'obstacles, par exemple. Tous deux sont reliés par un câble à un ordinateur qui commande le système. Un logiciel de supervision synchronise l'ensemble.

d'alvéoles gonflables : un vieux truc piqué à l'armée de l'air, sur les fauteuils des simulateurs d'avion de combat et qui permet de reproduire un frissonnement de crinière avec beaucoup de réalisme.

Non seulement ce canasson surdoué peut tout faire mais, parfois, il surpasse de beaucoup ses congénères tout en os et en bonne viande de cheval. D'un trot de 60 battements par minute il embraye aussi sec à un trot de 130, d'un galop gauche il passe à un galop droite, il saute à volonté, se défend par un saut de mouton, merci pour la colonne vertébrale du cavalier ! et réalise même des figures complexes comme le passage (trot stylisé) ou le piaffer (trépigner sur place) réservés, normalement, aux cracks.

Pourtant, avant de le doter d'une allure idéale, les concepteurs du premier simulateur équestre se sont arraché la crinière. D'abord parce que le caractère d'un cheval n'est pas aussi facile à modéliser que celui d'un char d'assaut, d'un avion ou d'un parcours de golf. Le nombre de 0 et 1 requis pour faire tenir sur une disquette ses sautes d'humeur risque de faire clignoter le voyant « surcharge »… Ensuite, figurez-vous qu'aucun cavalier n'est fichu d'expliquer avec certitude comment il mène son alezan, combien de kilos il met dans ses rênes, quel type d'action précise il exerce sur son cheval avec les cuisses ou avec les étriers. Parfois, un simple signe suffit à faire tourner l'impétueux à droite ou à le lancer au galop. Enfin, selon que l'on monte à l'« allemande » ou à la « française », une seule main peut devenir une véritable girouette.

Trois étapes pour donner figure chevaline à ce tas de ferraille un peu fruste

La première : un peu d'allure (trot, pas, galop). Les scientifiques se sont souvenus que le corps humain est très sensible aux accélérations. Sur un cheval, un cavalier subit plusieurs fois par seconde un tas d'accélérations, une folle danse de Saint-Guy selon que sa monture trotte, marche au pas ou galope.

Qui reçoit ces accélérations ? La selle, véritable amortisseur qui en est à la fois le siège (au propre comme au figuré) et le relais. C'est par la selle, en effet, que le cavalier perçoit l'essentiel des sensations plus que par le mouvement. Un cavalier peut très bien avoir le sentiment d'aller droit devant lui malgré un mouvement arrière un temps sur deux. Rien de plus simple alors que d'enregistrer ces accélérations en plaçant sur le pommeau un appareil conçu à cet effet : un accéléromètre. Six sont nécessaires pour ne pas perdre une miette des déplacements et rotations de la selle le long de l'axe transversal (axe de tangage), de l'axe longitudinal (axe de roulis), de l'axe vertical (ou de lacet)... Pas de problème pour les techniciens du Centre d'essais en vol de Brétigny où le canasson s'est vu en plus poser une centrale à inertie[1] sur le dos avant d'être débourré. Ensuite, ces précieuses informations concernant les allures du cheval sont confiées à un ordinateur capable de doter un robot auquel il est relié d'une grande liberté d'expression corporelle... Pas moins de six degrés de liberté pour la selle, trois au niveau de la nuque, trois autres encore à la base de l'encolure. L'ensemble, actionné par des vérins électriques, va pouvoir ainsi mimer toutes les allures du cheval avec une précision diabolique. En 1988, quelque trois cents chevaux de l'école de Saumur, la crème de la race chevaline, ont donné à Persival tout ce qu'ils avaient dans la panse.

Deuxième étape : on consigne ce que le cavalier à son tour fait subir au cheval. Comment ? Facile : grâce à un système de capteurs de pression et de tension disposés sur tous les endroits où le bonhomme est amené à exercer une poussée ou une traction : sous le tapis de selle (le poids du cavalier, son assiette, est déterminant dans la façon de mener le cheval), au niveau des mollets et des cuisses, enfin au niveau des étrivières et des rênes. On établit ainsi une banque de données qui va du cavalier débutant-bourreau au champion de concours équestres internationaux.

1. Une centrale d'inertie est utilisée pour donner simultanément, selon les trois axes, les accélérations et rotations par rapport à une verticale absolue et constante.

Troisième acte : pour rendre le tout interactif, cheval et cavalier doivent être «instrumentés», c'est-à-dire bardés de capteurs et d'appareils de mesure empruntés une fois de plus aux techniques aéronautiques, comme le rappelle Jean-Louis Jouffroy, meneur de jeu de ce programme, pilote et cavalier lui-même [...].

Toutes ces données nourrissent l'ordinateur qui anime le robot. Couplé avec un écran placé en face du cavalier, il est capable de répondre à toutes sortes de situations : parcours d'obstacles, rectangle de dressage, promenade, mais aussi partie de polo ou voltige équestre.

Persival : une véritable aubaine sur le plan pédagogique

Il permet de prendre des cours particuliers, de décomposer et de répéter à l'infini certains mouvements (quand on sait qu'un cheval ne fait pas deux foulées identiques)... en épargnant l'animal vivant qui tire vite la langue! A terme, tout le petit monde du cheval pourrait y trouver son compte. Les joueurs de polo, qui s'entraînent sur des chevaux de bois moyenâgeux, jubilent carrément! Les voltigeurs, eux, contraints de s'essayer sur des tonneaux qui souvent croulent sous le nombre, voient d'un très bon œil ce gros porteur docile et résistant. Avec Persival, qui peut encaisser des charges mieux que n'importe quel âne bâté, les acrobates équestres pourront en toute quiétude passer l'essentiel de leur temps à faire les marioles sur les croupes.

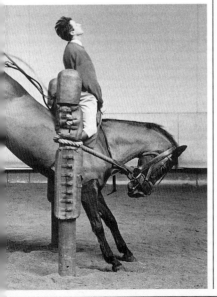

Le simulateur emballe aussi les chercheurs : la connaissance du cheval, de sa meilleure façon de trotter, de ses accélérations, va permettre aux vétérinaires de diagnostiquer les irrégularités d'allure chez un cheval ou de repérer une démarche boiteuse et donc suspecte. De même, connaître le comportement du cavalier, les pressions et les tractions qu'il exerce sur la pauvre bête, offre de belles perspectives à l'étude biomécanique des mouvements humains ainsi qu'à la médecine sportive.

Le cheval-robot est également un bon rééducateur. A Chantilly, les jockeys blessés en savent quelque chose. Grâce à Persival, ils se remettront en selle progressivement et sans douleur. On songe même à créer des logiciels qui obligeront tout cavalier à réagir convenablement aux situations. Bref, qui veut voyager loin n'aura qu'à ménager ses disquettes.

Jean-Laurent Poli,
«A dada sur mon robot»,
in *Sciences et vie junior*, 1992

Paris à l'heure du cheval

En 1880, Paris comptait exactement 78 906 chevaux, ânes et mulets. Du fait de leur nombre, les chevaux causaient alors presqu'autant de nuisances que les automobiles aujourd'hui.

La population équine de Paris

A la fin du XIXe siècle, Paris [...] était la seule région de France qui utilisait tant de chevaux et où la densité de ceux-ci fut aussi élevée ; 143,07 chevaux au km^2 pour le seul département de la Seine, soit près de sept fois plus que la Meuse, le second département le plus peuplé. En revanche, Paris, grosse consommatrice de chevaux, n'en produisait aucun et devait obligatoirement en importer chaque année des milliers, en provenance des grandes régions de production (Boulonnais, Picardie, Pays de Caux, basse Normandie, Perche-Beauce, Nivernais-Morvan, Bretagne, Lorraine). A l'intérieur de Paris, dans chaque arrondissement, la répartition des chevaux fait apparaître quelques disparités : les arrondissements qui comptaient le plus de chevaux étaient les arrondissements populaires, fortement industrialisés et situés à la périphérie de la capitale [...]. En revanche, les arrondissements situés vers le centre

regroupaient des effectifs plus restreints […], les […] arrondissements qui rassemblaient une clientèle aristocratique étaient le lieu privilégié des écuries d'ambassades, de ministères, d'administrations et de riches propriétaires et comptaient également beaucoup de chevaux, mais davantage de selle que de service.

Cette population équine se présentait comme un extraordinaire mélange de races, « une macédoine hippique »[1] : d'un côté il y avait le cheval de selle, dont le type idéal était le superbe pur-sang anglais et, pour l'attelage, l'admirable anglo-normand, véritable « cheval à deux fins » (c'est-à-dire parfait pour la monte comme pour l'attelage) ; de l'autre, le percheron, cheval de trait léger par excellence, destiné à la traction au trot et pour cela favori des compagnies d'omnibus. On rencontrait aussi des boulonnais, aptes au roulage, traction au pas de matières pondéreuses. Enfin s'ajoutait un nombre considérable de chevaux de provenances étrangères : irlandais, hongrois (surtout pour les fiacres), danois et américains à partir des années 1890.

Evidemment, l'importance numérique des chevaux dans Paris fait présumer de l'abondance en ravitaillement qui en résulte. En effet, il n'entrait pas moins chaque année dans la capitale : 20 millions de bottes de foin, 40 millions de bottes de paille, 204 000 tonnes d'avoine et 300 000 quintaux de maïs, ce dernier tendant à remplacer l'avoine qui coûtait trop cher.

Le marché aux fourrages

La vente des grains et fourrages était interdite sur la voie publique. Les

1. Crafty, *Paris à cheval*, Paris, Plon, 1983.

marchandises devaient être acheminées vers un marché où se déroulaient toutes les transactions. Situé sur le boulevard de l'Enfer, le marché de la barrière d'Enfer était le dernier des trois marchés aux fourrages qui avaient existé dans Paris, et dont l'ouverture avait été autorisée par les ordonnances de police des 23 messidor an X et 12 janvier 1816. Celui de la barrière du Trône fut supprimé en 1853; celui du faubourg Saint-Martin en 1854, transféré à la Chapelle lors de la construction du chemin de fer de l'Est. Seul subsista celui de la barrière d'Enfer.

La vente avait lieu tous les jours, de 6 heures du matin en été (8 heures l'hiver) à 14 heures. Les bottes de foin, paille, luzerne ou sainfoin qui entraient sur le marché devaient obligatoirement peser 5 kg, sous peine d'être saisies. Les marchands qui n'avaient pas écoulé leur surplus dans la journée pouvaient l'engranger dans l'un des trente-six entrepôts du marché, qui se louaient à la quinzaine ou au mois. D'ailleurs, jusqu'en 1873, le marché de la barrière d'Enfer servit d'entrepôt public, car les entrepôts à domicile étaient interdits.

Les bâtiments situés à l'est réceptionnaient les marchandises franches de droits d'octroi, et ceux de l'ouest, les fourrages qui avaient acquitté les droits. Des préposés de l'octroi surveillaient les entrées et les sorties des charrettes et percevaient l'argent. Mais lorsque fut levée l'interdiction des entrepôts à domicile, le marché perdit sa raison d'être. Les cultivateurs, en effet, vendaient la plupart du temps leur chargement dans la matinée et n'emmagasinaient plus leurs invendus. Comme c'était la même clientèle qui fréquentait le marché aux fourrages et le marché aux chevaux, la Ville de Paris tenta de lui redonner vigueur en le transférant dans l'enceinte du marché aux chevaux, boulevard de l'Hôpital, dans le XIIIe arrondissement. Ce fut en pure perte : les industriels parisiens allèrent s'approvisionner sur les marchés de banlieue, de plus en plus nombreux et importants. En 1885, la Ville de Paris considérait elle-même son marché aux fourrages comme un marché fini : on n'y enregistrait plus aucun stationnement de voiture et il ne fournissait plus aucune recette à la ville.

Le marché aux chevaux du XIIIe arrondissement

En revanche, le marché aux chevaux du XIIIe arrondissement anima longtemps tout un quartier étroitement lié au commerce du cheval. Situé à l'endroit même d'un marché aux chevaux créé dès le XVIIe siècle, il fut agrandi depuis et occupait, entre le boulevard de l'Hôpital et le boulevard Saint-Marcel, jusqu'au croisement de ces deux axes, une superficie de 17 800 m². Une entrée donnait sur la rue du Marché-aux-Chevaux, une autre sur le boulevard de l'Hôpital […]. Il se divisait en trois

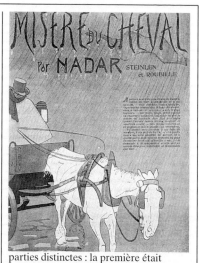

parties distinctes : la première était réservée à la vente des véhicules (fiacres, charrettes, coupés...). On y accédait par l'entrée du boulevard de l'Hôpital. A cette porte, se trouvaient également le logement du concierge et le bureau des perceptions, à droite. A gauche, le bureau du commissaire priseur et l'emplacement où se déroulait la vente aux enchères de voitures. La seconde partie du terrain servait exclusivement à la vente des chevaux de selle. Au centre, s'étendait une piste de 163 mètres, réservée à l'essai des chevaux montés. Elle était séparée de chaque côté des rangées de stalles par une large allée. Au milieu de la piste se trouvaient le bureau de l'inspecteur de police et, à chaque bout, les guérites de l'employé des Domaines et du gardien. Au nord et au sud, bordant la piste, trois rangées de stalles, réunies deux à deux par des bat-flanc. Elles étaient au nombre de 88 et pouvaient contenir 1 050 chevaux. Derrière les stalles, il y avait une écurie servant à abriter les chevaux suspectés d'être atteints de maladies contagieuses.

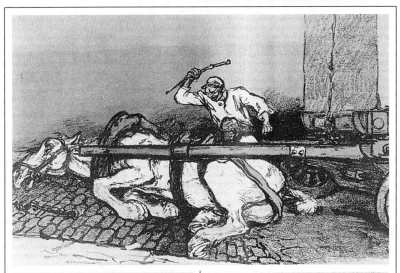

Série de caricatures de Nadar intitulées «Misère du cheval», publiées dans un numéro de *L'Assiette au beurre*, dont la couverture est reproduite page 124 en haut.
La première image était accompagnée d'un poème de Victor Hugo sur ce «forçat qui traîne ses licous / qui souffre et ne connaît ni repos ni dimanche [...] ». Ci-dessus à gauche, la légende faisait dire à l'homme : «Ah, tu m'as fait foutre une contravention, toi !!! » Ci-dessus à droite :
« Et c'est ça qui nous appelle ses "frères inférieurs" ! »

Le marché au chevaux du 13e arrondissement.

Enfin, la troisième et dernière partie du marché, desservie par l'entrée du boulevard Saint-Marcel (ex-rue du Marché-aux-Chevaux) servait à la vente et à l'essai des chevaux de trait, « L'essai » était une colline en forme de fer à cheval, à double pente, où l'on testait la force des chevaux après les avoir attelés à un châssis de chariot.

Le marché, qui présentait sans nul doute la plus riche collection de tout ce que Paris comptait en rebuts, recevait une clientèle populaire, attirée par les prix modestes qui s'y pratiquaient. Ici, n'importe quel cheval de trait se vendait au maximum 1 000 francs, ce qui est un prix relativement bas puisqu'un beau cheval de trait était estimé entre 1 600 et 1 800 francs. Des bourreliers, selliers-bourreliers, maréchaux-ferrants, charrons et cabaretiers tenaient boutique en face du marché et dans les rues voisines, bénéficiant, chaque mercredi et samedi, jours d'ouverture du marché, de l'affluence des acheteurs et des vendeurs.

Le marché aux chevaux était l'âme d'un quartier et le resta tant que le cheval demeura une nécessité dans la ville. En 1874, la rumeur de son transfert vers un autre arrondissement que le XIIIe avait suscité les pétitions des habitants du quartier Saint-Marcel qui manifestèrent leur opposition. Mais en 1906, la situation avait évolué dans un sens contraire.

Un débouché en pleine extension : la boucherie chevaline

Le marché aux chevaux s'orientait vers l'approvisionnement exclusif de la boucherie hippophagique, en pleine expansion. De ce fait, les habitants de Saint-Marcel ne virent plus dans le marché malodorant qu'un obstacle à l'embellissement de leur quartier. C'est la même population, des Ve et XIIIe arrondissements réunis, qui adressa au conseil municipal une pétition de six mille signatures réclamant le déplacement du marché aux chevaux, afin que son emplacement fût utilisé pour la construction de logements à bon marché. Cela permettrait, disait-on, à la classe laborieuse « d'habiter près du centre de Paris des logement hygiéniques à des prix modérés ».

Ainsi, la réunion du marché aux chevaux et des abattoirs hippophagiques semblait-elle logique. Ce projet emportait aussi l'adhésion des bouchers qui voulaient éviter le transfert des chevaux, amenés en gare d'Ouest-ceinture, jusqu'au marché du XIIIe. Les bandes de 200 à 300 chevaux qui déambulaient dans des quartiers aussi peuplés que Plaisance, Vaugirard et Saint-Marcel pour se rendre sur le marché, y être vendus, et retourner dans le XVe arrondissement pour y être abattus à Brancion, furent quelques fois la cause d'accidents. Le conseil municipal vota donc, le 11 juillet 1906, le transfert du marché aux chevaux à Brancion. […]

Le marché aux chevaux de Brancion, qui ouvrit ses portes le 17 novembre 1907, à l'angle de la rue Brancion et de la rue des Morillons, couvrait 5 900 m^2, exclusivement réservés à la vente des chevaux. Plus petit que son prédécesseur, il était en revanche entièrement neuf, pourvu de barrières en fonte, d'un sol bitumé, d'abris spacieux et couverts, de bureaux clairs et vastes. Il était complètement séparé des salles d'abattoir par une clôture continue et sans ouverture.

Il ne faudra que quelques années à l'automobile pour supplanter définitivement tout témoignage de la présence pluriséculaire des chevaux.

Ghislaine Bouchet,
« Deux marchés parisiens »,
in *Monuments historiques,* janvier 1990

Milady

Ecuyer à Saumur contraint de vendre sa jument Milady *pour s'acquitter d'une dette consécutive à son divorce, Gardefort est le héros d'une nouvelle devenue un classique de la littérature équestre. Le parallèle femme/jument, dont on a ici un exemple, est très fréquent, et depuis fort longtemps, dans la littérature.*

Enfin, un matin, la sommation tant redoutée arriva.

« Voyons, mon commandant, soyez raisonnable, répétait Léal. J'ai trente-six ans de moins que vous, mais, de nous deux, quel est l'enfant ? Ecoutez-moi : j'ai eu ce matin même avec M. Grumbach une conversation très précise. Il accepte cinquante mille comptant. Il repart ce soir. Réfléchissez. Une dernière fois, réfléchissez. Vous ne retrouverez jamais cela. »

« Sortons, voulez-vous ? fit Gardefort. On étouffe ici. »

Il jeta à terre sa trentième cigarette et tous deux longèrent les quais déserts et ensoleillés.

« Ecoutez, Léal, commença le commandant, j'ai toujours adoré les femmes, et elles ne m'ont jamais aimé. Toutes mes maîtresses m'ont trompé. J'ai eu beau leur appuyer le caveçon sur le nez, elles se sont défendues de moi. Celle que j'ai épousée était une garce.

Plus elles m'ont fait souffrir, plus elles me désespéraient et plus je me suis donné aux chevaux. Enfin un jour où j'ai trouvé une jument qui avait les plus belles qualités d'un cheval et qui était en même temps une vraie femme, un jour j'ai rencontré *Milady*. Je l'ai formée, et ce n'est qu'après que je l'ai séduite. Pour la première fois, je suis aimé, aimé pour moi-même, sans traîtrise, justement aimé, parce que je suis le meilleur et le plus fort. Tu apprendras ceci, mon fils, plus on se donne à une femme et plus elle vous enfonce avec elle dans le vague, dans la paresse, dans l'inassouvissement, dans la dégoûtation. Avec *Milady*, ça a été tout le contraire : nos rapports sont devenus de plus en plus nets, de plus en plus propres : je suis arrivé par la dévotion et par la patience à un travail de plus en plus beau, et, je puis dire, d'une pureté parfaite. Je lui ai appris à marcher sur le droit… A ton âge, au quartier, on parle souvent des femmes comme des chevaux ; on a des façons véritablement hippiques d'envisager l'amour. Moi, c'est le contraire : j'aime *Milady*. Je l'aime d'amour et elle est devenue mon épouse. Ce n'est pas une liaison, ce n'est pas un amusement, c'est ma raison de vivre. Je l'ai aimée d'abord parce qu'elle n'était pas sûre : aujourd'hui je l'adore parce qu'elle ne peut plus m'échapper. Et voilà qu'elle me serait ravie pour des raisons extérieures, qu'elle m'échapperait, cette fois, malgré elle ! Je réfléchis, j'essaie de me persuader que j'ai tort, mais c'est plus fort que moi : dès que j'imagine l'écurie vide… »

« Vous en regratterez vite une autre, mon commandant, fit Léal. Avec toute votre science… Je dois passer chez Budan à six heures, ce soir, et donner à M. Grumbach votre réponse définitive. Il est excité en diable ! »

Gardefort détourna la tête, tendit la main au sous-lieutenant et passa le pont brusquement.

Paul Morand,
Milady,
Paris, Gallimard, 1936

Le tact équestre

La magistrale leçon de dressage que Michel Tournier fait donner à Tiffauges, le héros du Roi des aulnes, *par Pressmar, maître d'équipage de Guillaume II, ne peut manquer de faire rêver les cavaliers que leurs premiers tours de manège bouclés au son des beuglements de quelque adjudant en retraite ont failli dégoûter à jamais de l'équitation.*

Il l'entendit exposer la *vérité* du cheval, et vit ce survivant d'un autre temps devenir soudain intelligent, s'animer, trouver pour s'exprimer des paroles justes et colorées. Posé sur un haut tabouret, ses maigres cuisses croisées l'une sur l'autre, la botte battant l'air, le monocle vissé dans l'œil, le maître d'équipage de Guillaume II commença par poser en principe que le cheval et le cavalier étant des êtres vivants, aucune logique, aucune méthode ne peuvent remplacer la secrète sympathie qui doit les unir, et qui suppose chez le cavalier cette vertu cardinale, le *tact équestre*.

Puis, après un silence destiné à donner toute leur valeur à ces deux mots, il enchaîna par des considérations sur le dressage, que Tiffauges écouta passionnément, parce qu'elles tournaient autour du poids du cavalier et de sa répercussion sur l'équilibre du cheval, et avaient ainsi une portée phorique évidente.

» Le dressage, commença Pressmar, est une entreprise incomparablement plus belle et plus subtile qu'on ne croit communément. Le dressage consiste pour l'essentiel à restituer à l'animal son allure et son équilibre naturels, compromis par le poids du cavalier.

» Comparez en effet la dynamique du cheval et celle du cerf par exemple. Vous verrez que toute la force du cerf est dans

ses épaules et dans son encolure. Au contraire, toute la force du cheval est dans sa croupe. Et les épaules du cheval sont fines et effacées, tandis que la croupe du cerf est maigre et fuyante. Il est vrai d'ailleurs que l'arme du cheval est la ruade qui part de la croupe, alors que celle du cerf est le coup d'andouiller qui part de l'encolure. Lorsqu'il se déplace, le cerf se tire en avant. C'est une traction avant. Le cheval à l'inverse se pousse de derrière avec sa croupe. En vérité, le cheval est une croupe avec des organes par-devant qui la complètent.

» Or que se passe-t-il quand un cavalier enfourche sa monture ? Regardez bien sa position : il est assis beaucoup plus près des épaules du cheval que de sa croupe. En fait les deux tiers de son poids sont portés par les épaules du cheval qui sont justement, comme je l'ai dit, faibles et légères. Les épaules ainsi surchargées se contractent, et leur raidissement gagne l'encolure, la tête, la bouche, cette bouche dont la douceur, la souplesse, la sensibilité font toute la valeur du cheval de selle. Le cavalier a entre les mains un animal déséquilibré et contracté qui n'obéit plus que grossièrement à ses aides.

» C'est alors qu'intervient le dressage. Il consiste à amener progressivement le cheval à reporter autant que possible le poids du cavalier sur sa croupe, afin de soulager les épaules. Et pour cela à s'asseoir davantage sur ses membres postérieurs, à les engager sous lui aussi loin que possible en avant, bref, pour employer une comparaison dont il ne faudrait pas abuser, à prendre modèle sur le kangourou dont tout le poids repose sur les membres inférieurs, tandis que les pattes de devant demeurent libres. Par divers exercices, le dressage s'efforce de faire oublier au cheval le poids parasitaire du cavalier, et de lui rendre son naturel en poussant l'artifice jusqu'à son point de perfection. Il justifie une anomalie en instaurant une organisation nouvelle où elle trouve sa place.

» Ainsi l'équitation qui est l'art de régir les forces musculaires du cheval consiste principalement à s'assurer la maîtrise de sa croupe où elles sont rassemblées. Les hanches doivent dévier sous la plus légère pression du talon, les masses fessières doivent avoir cette flexibilité moelleuse qui leur donne la diligence dont dépend tout le reste. »

Et le grand maître d'équipage, debout, cambré, le regard torve dirigé sur sa propre croupe – combien osseuse et effacée ! –, ses jambes arquées serrant les flancs d'un cheval imaginaire, virevoltait dans la pièce, en fouettant le vide avec sa cravache.

Michel Tournier, *Le Roi des aulnes*, Paris, Gallimard, 1970

Monstres

L'union d'un homme et d'une bête – union doublement monstrueuse, en elle-même et par ses produits mythiques – est un thème récurrent de l'imaginaire humain. Vues à travers les yeux et les fantasmes d'un enfant, les amours clandestines de Salman le Solitaire et de la belle alezane revêtent une dimension presque humaine.

Dès que Salman pénétrait dans l'écurie, Moustafa courait rejoindre son poste, collait l'œil aux interstices de la palissade de roseaux et suivait avec attention tout ce que faisait le jeune homme. Un jour, il eut l'impression que Salman l'avait aperçu, il faillit en mourir de terreur. Un long moment, il fut incapable de se lever. Son cœur battait très fort dans sa poitrine, en dépit de la chaleur il tremblait de froid, il ne pouvait plus remuer. Si Salman l'avait vu, il le tuerait. A coup sûr. Ce jour-là, Moustafa se jura de ne plus jamais l'espionner. Pendant quelques semaines, il ne trahit pas son serment, mais chaque fois qu'il voyait Salman entrer dans l'écurie, il se mettait à trembler, il crevait de curiosité.

Un jour, tard dans l'après-midi, Salman surgit dans la cour en lançant des coups d'œil méfiants autour de lui. Moustafa devina aussitôt qu'il se préparait à rejoindre la pouliche, il tenait la main sur son pantalon. Sa fièvre gagna Moustafa, qui se mit à trembler, il sentit son sexe se durcir. Salman entra dans l'écurie. L'enfant courut à la palissade. Il était à bout de souffle, son corps était brûlant. Il colla l'œil aux roseaux. Salman s'était déjà faufilé derrière l'alezane qui reculait en pressant sa croupe contre l'homme. De temps en temps, elle tournait la tête vers lui, pour lui jeter des regards pleins de mélancolie et de compréhension, presque humains. Moustafa était tout content quand il pouvait contempler Salman et la pouliche. L'alezane semblait heureuse de ces amours, elle se tournait pour mieux voir Salman, tous ses membres se tendaient, et quand tout était fini, elle écartait les jambes, longuement, pour pisser à grand bruit. Salman se penchait alors, comme pour aspirer l'odeur du pissat. Quand je serai grand comme Salman, je ferai comme lui, se disait l'enfant. A présent, il savait très bien comment cela se passait. La main sur son sexe, des idées bizarres lui passaient par la tête. Et si l'alezane avait un enfant de Salman, un petit poulain, qu'est-ce qu'il en ferait, Salman, de ce poulain ? Peut-être que l'alezane accoucherait d'un véritable bébé, un enfant qui ressemblerait à Salman. Peut-être que l'enfant serait moitié homme, moitié cheval. Une tête de cheval sur un corps humain. Comment ferait-il pour pleurer, hennirait-il comme un cheval ? Et si c'était le contraire, une tête humaine sur un corps de cheval ? De telles créatures avaient existé autrefois, Ferhat Hodja l'avait raconté à son père. C'était donc qu'à l'époque, les hommes pouvaient prendre des juments pour épouses. Tout comme Salman. L'alezane était bel et bien la femme de Salman, et personne ne le savait, à part Moustafa. Il imagina l'enfant de Salman, avec un corps de cheval et une tête d'homme, il s'imagina en selle sur ce cheval, il se mit à rire, puis il eut très peur, jamais Salman ne lui permettrait de monter son enfant ! Après tout, ce serait peut-être une fille, aussi laide que Salman. Ou alors, Salman tuerait ce poulain à tête humaine, dès sa naissance, en cachette. Mais Moustafa le verrait tout de même... Jusqu'à la naissance de l'enfant, il ne quitterait plus l'alezane des yeux, il la verrait sûrement mettre bas, il devinerait aux dimensions de son ventre à quel moment elle aurait son enfant. Mais non, non, Salman tuerait le bébé-poulain, pour éviter le scandale. Et Moustafa irait alors tout raconter à son père... Même si Salman le menaçait de l'étrangler, de faire de lui de la chair à pâté, Moustafa irait le dénoncer aux autorités, aux gendarmes, au grand bey, l'ennemi de son père, celui qui possédait une automobile, il leur dirait, mon père s'est fait le complice de Salman, au cas bien sûr où son père serait du côté de Salman, et il ne manquerait pas de le faire, c'était bien là ce que craignait Moustafa... Ils se mettraient à deux pour tuer le bébé-poulain, ils fourreraient le petit cadavre dans un sac qu'ils iraient jeter dans le fleuve, le malheureux poulain s'en irait au fil de l'eau, il servirait de pâture aux poissons-chats à la gueule énorme, deux fois grands comme un homme. Mais peut-être que le père de Moustafa aurait pitié du bébé, il s'attacherait peut-être au tout petit alezan à la tête d'homme... Et puis, ce serait peut-être une fille qui ne ressemblerait pas trop à Salman, qui serait même jolie, avec la tête de l'alezane aux grands yeux tristes, avec cette façon qu'elle avait de se tourner vers Salman avec un petit air étonné. Oui, mais Moustafa devait avant tout en parler à son père... Non, pas à lui, il valait mieux tout raconter à Hassan et à Husséyine. C'étaient des hommes doux, paisibles, souriants, de braves gens en dépit de leurs moustaches en croc. Husséyine en ouvrirait des yeux comme des soucoupes, ses grands yeux noirs qui voyaient tout. Comme des jumelles. Il savait certainement ce que Salman faisait avec l'alezane. Mais il savait tenir sa langue et il n'en parlait pas. Peut-être qu'il avait peur de Salman, lui aussi. Tout le monde avait peur de Salman, bien sûr.

Yachar Kemal,
Salman le Solitaire,
trad. Munevver Andac,
Paris, Gallimard, 1984

Chevaux de fond

Qui, mieux que l'œil et la plume ethnographiques de Zola, pouvait restituer avec autant de réalisme le sort des chevaux descendus une fois pour toutes au fond des mines pour tirer les wagonnets, et la fraternité des hommes et des bêtes attelés au même labeur ?

Comme tous trois retournaient à l'accrochage, Bébert et Jeanlin y arrivaient aussi, avec un train de berlines. Il y eut un arrêt pour la manœuvre des cages, et la jeune fille s'approcha de leur cheval, le caressa de la main, en parlant de lui à son compagnon. C'était Bataille, le doyen de la mine, un cheval blanc qui avait dix ans de fond. Depuis dix ans, il vivait dans ce trou, occupant le même coin de l'écurie, faisant la même tâche le long des galeries noires, sans avoir jamais revu le jour. Très gras, le poil luisant, l'air bonhomme, il semblait y couler une existence de sage, à l'abri des malheurs de là-haut. Du reste, dans les ténèbres, il

était devenu d'une grande malignité. La voie où il travaillait avait fini par lui être si familière, qu'il poussait de la tête les portes d'aérage, et qu'il se baissait, afin de ne pas se cogner, aux endroits trop bas. Sans doute aussi il comptait ses tours, car lorsqu'il avait fait le nombre réglementaire de voyages, il refusait d'en recommencer un autre, on devait le reconduire à sa mangeoire. Maintenant, l'âge venait, ses yeux de chat se voilaient parfois d'une mélancolie. Peut-être revoyait-il vaguement, au fond de ses rêvasseries obscures, le moulin où il était né, près de Marchiennes, un moulin planté sur le bord de la Scarpe, entouré de larges verdures, toujours éventé par le vent. Quelque chose brûlait en l'air, une lampe énorme, dont le souvenir exact échappait à sa mémoire de bête. Et il restait la tête basse, tremblant sur ses vieux pieds, faisant d'inutiles efforts pour se rappeler le soleil.

Cependant, les manœuvres continuaient dans le puits, le marteau des signaux avait tapé quatre coups, on descendait le cheval; et c'était toujours une émotion, car il arrivait parfois que la bête, saisie d'une telle épouvante, débarquait morte. En haut, lié dans un filet, il se débattait éperdument; puis, dès qu'il sentait le sol manquer sous lui, il restait comme pétrifié, il disparaissait sans un frémissement de la peau, l'œil agrandi et fixe. Celui-ci étant trop gros pour passer entre les guides, on avait dû, en l'accrochant au-dessous de la cage, lui rabattre et lui attacher la tête sur le flanc. La descente dura près de trois minutes, on ralentissait la machine par précaution. Aussi, en bas, l'émotion grandissait-elle. Quoi donc? Est-ce qu'on allait le laisser en route, pendu dans le noir? Enfin, il parut, avec son immobilité de pierre, son œil fixe, dilaté de terreur. C'était un cheval bai, de trois ans à peine, nommé Trompette.

«Attention! criait le père Mouque, chargé de le recevoir. Amenez-le, ne le détachez pas encore.»

Bientôt, Trompette fut couché sur les dalles de fonte, comme une masse. Il ne bougeait toujours pas, il semblait dans le cauchemar de ce trou obscur, infini, de cette salle profonde, retentissante de vacarme. On commençait à le délier, lorsque Bataille, dételé depuis un instant, s'approcha, allongea le cou pour flairer ce compagnon, qui tombait ainsi de la terre. Les ouvriers élargirent le cercle en plaisantant. Eh bien, quelle bonne odeur lui trouvait-il? Mais Bataille s'animait, sourd aux moqueries. Il lui trouvait sans doute la bonne odeur du grand air, l'odeur oubliée du soleil dans les herbes. Et il éclata tout à coup d'un hennissement sonore, d'une musique d'allégresse, où il semblait y avoir l'attendrissement d'un sanglot. C'était la bienvenue, la joie de ces choses anciennes dont une bouffée lui arrivait, la mélancolie de ce prisonnier de plus qui ne remonterait que mort.

«Ah! cet animal de Bataille! criaient les ouvriers, égayés par ces farces de leur favori. Le voilà qui cause avec le camarade.»

Trompette, délié, ne bougeait toujours pas. Il demeurait sur le flanc, comme s'il eût continué à sentir le filet l'étreindre, garrotté par la peur. Enfin, on le mit debout d'un coup de fouet, étourdi, les membres secoués d'un grand frisson. Et le père Mouque emmena le deux bêtes qui fraternisaient.

Emile Zola,
Germinal,
1885

Le prince des chevaux

Une liaison passionnée unit depuis quatre siècles les chevaux lipizzans à des hommes chevronnés. Comment, à travers les guerres qui ont bouleversé l'Europe centrale, une haute tradition équestre datant de l'Empire austro-hongrois a-t-elle pu survivre jusqu'à nos jours ?

De Paris, après un vol de quatre-vingt-dix minutes, nous atterrissons à Pula, en Istrie, province du nord de la Yougoslavie. Une courte étape routière vers Trieste à travers une nature tantôt provençale tantôt alpestre, et nous voilà à quelques kilomètres de la frontière italienne […]. Nous sommes à Lipizza (Lipice, en yougoslave), point de départ géographique et historique du cheval lipizzan. Les visiteurs contemplent le grand manège, les carrières d'entraînement, les vastes écuries où résonnent des martèlements de sabots.

[…] Andrey Franetic m'entraîne vers la très belle écurie des étalons dressés. Une inscription latine datée de 1703 rappelle qu'elle fut édifiée par l'empereur d'Autriche Léopold Ier. […] Elle était construite pour compléter d'autres bâtiments dont on retrouve encore des vestiges : une étable, des puits et des citernes installés pour des chevaux impériaux depuis 1580… C'est ici et au XVIe siècle que débute une aventure dont il existe peu d'exemples dans l'Histoire. Une liaison prolongée, chargée de péripéties dramatiques et heureuses, qui unit depuis plus de quatre cents ans un groupe d'hommes et une famille de chevaux. Comment une véritable ethnie animale, objet fragile de la passion d'une succession de monarques, conservée et protégée parfois par leurs plus humbles serviteurs, put-elle survivre jusqu'à nos jours ? Quatre siècles durant lesquels les triomphes ne furent que de courts entractes au milieu de guerres militaires et civiles, d'invasions, de conflits ?

Les Habsbourg fondent leur Ecole espagnole

Le premier acte de cette longue histoire débute en 1556. Le neveu de Charles Quint, Maximilien II, règne à Vienne ; son frère Charles II reçoit les provinces

du nord de l'actuelle Yougoslavie. Second acte en 1565, une dépense de cent florins est engagée à Vienne pour l'installation d'un manège à ciel ouvert, sur l'emplacement de ce qui est aujourd'hui la Josefplatz. Petit investissement pour une installation modeste dont il faudra s'accommoder, compte tenu du manque chronique de trésorerie des Habsbourg. Trois ans plus tôt, Maximilien II avait importé des chevaux d'Espagne. L'incommodité du manège à ciel ouvert est telle en hiver qu'on décide d'élever une construction close et couverte. Une lettre du 20 août 1572 stipule qu'« il convient de mettre à la disposition du secrétaire des Travaux de construction de la cour vingt troncs d'arbre pour l'exécution des colonnes du Manège espagnol ». C'est l'acte de fondation de l'Ecole espagnole de Vienne (espagnole par l'origine des chevaux). L'engouement pour cet art martial, privilège des princes et des grands, aboutira à la construction, en 1681, sur la Rosstumblplatz, de la nouvelle école d'équitation qui sera le plus prestigieux manège de tous les temps. Achevé en 1729, ce chef-d'œuvre de l'architecture baroque est un écrin d'un blanc virginal, consacré au rituel magique qui se déroulera chaque matin pour des siècles.

Un haras impérial

L'empereur va donc avoir un manège digne de ses fastes. Il lui faut un véritable haras impérial. Charles II quitte sa résidence de Graz un beau jour de 1576 pour descendre sur ses terres de Trieste à la recherche d'un emplacement adéquat. Le choix de cette région n'était pas dû au hasard. Dès l'Antiquité, les Romains élevaient d'excellents coursiers à Aquilea, à la limite sud de Trieste, et cet élevage se poursuivait encore au Moyen Age. [...]

L'acte de vente fut signé le 19 mai 1580. Presque simultanément le prince envoya le baron Khevenhüller en Espagne pour acquérir les premiers étalons « Brincos » (trésors) dont le reçu indique qu'ils furent payés 120, 127 et 160 ducats. L'année suivante, vingt-quatre juments et six étalons andalous rejoignirent Lipizza.

A l'origine, le domaine comptait 320 hectares très boisés et parsemés de pierres. On dégagea la forêt, on déblaya les cailloux, on creusa des citernes. Dès 1610, le paysage avait changé : le sol était travaillé, transformé en pâturages et l'on plantait trois arbres sur l'allée principale du domaine du haras chaque fois que l'on envoyait à la cour de Vienne un nouvel étalon de 3 ans. Les lipizzans de « souche Karst », ainsi qu'on les appelait à la cour, furent créés par le croisement des premiers étalons espagnols importés avec des juments indigènes dont les produits furent ensuite croisés avec les juments espagnoles. A Vienne, au XVIIIe siècle, le merveilleux manège d'Hiver est enfin terminé. Le 14 septembre 1735, face à la loge impériale, la grande porte s'ouvrira sur le majestueux défilé des nobles étalons « pour le plaisir gracieux et tout particulier de Sa Majesté Impériale », comme elle s'ouvrira pendant des siècles pour le bonheur de générations de cavaliers. [...]

Le type lipizzan

La fixation du type lipizzan dans ses caractéristiques essentielles et son usage de cheval de parade et de combat sont déjà en partie obtenus en 1735 au moment de l'inauguration du manège impérial. Il va y remplacer les andalous pour demeurer jusqu'à nos jours l'acteur principal des grands carrousels et des fêtes somptueuses. Cette sélection, conduite avec une rigueur scientifique, est unique dans les annales de l'élevage. Aucun groupe zootechnique ne peut faire état d'une généalogie suivie sur quatre siècles. Le lipizzan est un animal énergique et robuste, de taille moyenne, d'un caractère ferme et intelligent, moins tolérant l'andalou pur. Sa longévité est supérieure à la moyenne et dépasse parfois les trente ans. Il a la tête expressive sur une encolure haute, peu de garrot, mais un dos musclé, souvent plongé, une croupe et une ossature puissante héritées d'ancêtres « carrossiers » (tirant les carrosses), des crins fins sur une robe soyeuse et blanche. [...]

C'est au XIXe siècle que le cheval blanc fut décrété impérial et conservé dans l'élevage avec quelques bais. De ses ancêtres espagnols, il a conservé maniabilité, brillant et l'élégance des

allures souples. Il le surpasse par l'amplitude du trot mais ne l'égale pas dans la flexibilité du galop. A Lipizza, le nombre des chevaux ne cessera de croître pour atteindre sous le règne de l'impératrice Marie-Thérèse cent cinquante poulinières. Depuis le passage dévastateur des Turcs, antérieur à la fondation, jusqu'à la fin du XVIIIe siècle, le haras s'était développé paisiblement. Les grandes tourmentes allaient se

succéder par vagues jusqu'à notre époque et entraîner des exodes multiples pour les lipizzans. En 1796, Bonaparte attaque l'Autriche par l'Italie. Une colonne française traverse Lipizza sans dommage pour le haras. On décide tout de même l'évacuation le 22 mars 1797. Ce sont trois cents chevaux, étalons, jeunes chevaux, poulinières et poulains, qui vont filer vers l'est, couvrant cinq cents kilomètres en quarante jours, durant lesquels seize juments mettent bas. La troupe s'arrête à Stuhlweissenburg, en Hongrie.

La paix de Campoformio permet le retour au bercail, aller et retour sans pertes. Entre-temps, les bâtiments ont été dévastés et les archives pillées. On reconstruit et on construit encore. Le 4 janvier 1802, un tremblement de terre ruine la plus grande partie des écuries fraîchement rebâties. On les remonte.

Les travaux à peine achevés, Napoléon occupe Vienne. Nouvel exode vers la Hongrie, sur Karjad (le 15 novembre 1805). Cette fois, hommes et bêtes endurent faim, froid et fatigue. Un incendie éclate pendant leur installation, sans dommage, et tout le monde rentrera six mois plus tard.

La paix va porter le haras à son plus haut niveau

Mai 1809 : Napoléon écrase l'armée autrichienne et entre à Vienne. Nouvelle fuite le 12 mai, la plus lointaine : six cents kilomètres jusqu'à Pecska. Ils y resteront six ans dans des conditions climatiques et alimentaires désastreuses. A leur retour en 1815, ils retrouvent le haras en décrépitude, mais François-Joseph décide de le restaurer.

Cent ans de paix vont porter le haras à son plus haut niveau de développement. La qualité de ses produits ne cesse de s'affirmer sur tous les haras impériaux. Vienne fête alors ses «années de renouveau», les festivités se succèdent au manège en l'honneur du congrès de Vienne. Spectacles et carrousels, jeux guerriers, ballets où se mêlent cavaliers et danseurs se déroulent devant les têtes couronnées d'Europe. Ni les fêtes, ni le choléra de 1831, ni l'orageuse année 1848 n'interrompront le travail quotidien des chevaux qui chaque année arrivent du Karst. A l'âge de 3 ans, ils débutent leur dressage que les meilleurs poursuivront les sept années nécessaires pour devenir danseurs étoiles. La Révolution française avait dispersé ce sanctuaire qu'étaient les Grandes Ecuries de Versailles. Toutes les académies princières d'Allemagne et d'Europe centrale accueillaient à bras ouverts les écuyers chassés de Versailles, porteurs d'un savoir que le monde enviait à la France. Avec La Guérinière, écuyer du roi de France, et leurs lipizzans, les Viennois parvinrent à prolonger l'âge d'or de l'équitation. [...] Mai 1915, nouvel exode ! L'empereur ordonne le repli de Lipizza sur Laxenburg et Kladrub. Hélas, les conditions n'y étaient pas celles de Karst et la santé des chevaux décline rapidement. Trente et une poulinières et des poulains meurent ; 10 pour 100 des juments seulement mettent bas. 1919 : l'Italie, qui reprend Lipizza à l'Autriche défaite, exige le retour des chevaux. De longues négociations aboutissent au partage. Cent sept chevaux retournent à Lipizza, plus quelques juments détenues en Tchécoslovaquie. L'Autriche conserve quatre-vingt-sept chevaux, plus ceux du haras de Radantz qu'elle installe à Piber en 1920. Avec 600 ha d'excellents alpages, une bonne alternance de soleil et de pluie, Piber obtint rapidement d'excellents résultats.

Fin 1942 : un ordre du Reich impose le transfert de Piber à Hostau, en Tchécoslovaquie, «pour sauver les précieux reproducteurs et les mettre à l'abri des troupes ennemies et des partisans pillards». L'Autriche risquait de ne pas revoir ses chevaux lors de la défaite probable de l'Allemagne. Mais l'opposition des responsables n'évita pas l'exil. Le 16 octobre 1943, les Italiens ayant lâché leurs alliés allemands, ces derniers embarquent les cent soixante-dix-neuf chevaux de Lipizza et les envoient aussi à Hostau, ainsi que les lipizzans du haras royal yougoslave.

Les dures heures de la Seconde Guerre mondiale

Ce sont trois cent cinquante lipizzans qui sont regroupés sous la coupe du docteur Rau, grand maître des Ecuries du Reich mais fort peu compétent en la matière. Entre 1943 et 1945, il vendra 40 pour 100 des chevaux, en dépit de l'opposition du colonel Podhajsky, directeur de l'Ecole espagnole. L'évolution de la guerre coupe bientôt le colonel Podhajsky d'Hostau. A Vienne, il décide de poursuivre jusqu'à la fin dressage et présentations. Il donne la dernière le 24 mai 1944 : on vient de lui réquisitionner des étalons pour l'armée et la plupart de ses écuyers sont expédiés au front. Dès septembre, les raids aériens sur Vienne imposent la mise aux abris des hommes et des chevaux. Podhajsky, conscient qu'il faudra évacuer, commence à dresser ses précieux étalons à… l'attelage. Les attaques deviennent quotidiennes et les troupes russes s'approchent ; on lui refuse toujours l'autorisation de partir, pour ne pas démoraliser les Viennois. L'ordre de départ arrive enfin et les derniers chevaux sont embarqués sur wagon par un matin neigeux de mars 1945 en direction de Saint-Martin, à trois cents kilomètres à l'ouest de Vienne. Quatre jours et quatre nuits d'enfer sous le feu des bombardiers et des chasseurs alliés. Le précieux convoi débarque sans dommage au milieu d'une foule de réfugiés affamés qui regardent les chevaux avec convoitise. Fin avril, le général Weingart, inspecteur de la cavalerie allemande, vient s'assurer de la situation malgré la débâcle qui s'amorce. Pour éviter que le personnel devienne prisonnier de guerre et soit séparé des chevaux, il fait établir des documents remettant l'Ecole sous autorité civile. Puis il salue le colonel Podhajsky. « Peut-être ces papiers-là vous aideront-ils. Quant à moi, ce sera une dernière bonne action. » Il se tuera d'une balle le lendemain.

Le 7 mai 1945, le général américain Patton, commandant la IVe armée, ayant appris la présence de l'Ecole de Vienne, arrive à Saint-Martin et assiste à une présentation improvisée à la hâte par le colonel Podhajsky. Etrange spectacle au milieu de ce chaos, donné par les écuyers de la nation vaincue devant le général vainqueur qui, lui-même cavalier, paraît fasciné par le ballet des lipizzans. Après la dernière figure, le colonel Podhajsky, en grande tenue, s'avance à cheval vers Patton, le salue et lui demande de mettre l'Ecole sous la protection américaine, mais aussi de sauver les reproducteurs. Patton donne l'ordre de tout faire pour ramener les chevaux d'Hostau, région que les Américains vont céder aux Soviétiques. Les 18 et 25 mai, escortés par cinq chars, montés par le personnel du haras et des officiers allemands prisonniers (qui se font d'ailleurs vider par les jeunes chevaux jamais sellés), ce sont deux cent quinze chevaux qui, en deux colonnes, s'ébranlent vers la Bavière puis, par camions, rejoignent Saint-Martin. Les lipizzans […] étaient sauvés. Les palefreniers italiens et slovènes avaient réussi à accompagner leurs chevaux jusqu'au bout.

Ce n'est qu'après le départ des Soviétiques, en 1955, que se rouvrira un soir la grande porte du manège de la Hofburg sur douze chevaux d'un blanc de neige, harnachés de cuir et d'or. A leur tête, le colonel Podhajsky s'avancera vers la loge impériale, se découvrira face au président de la République d'Autriche : « Monsieur le Président, j'ai l'honneur de vous annoncer le retour de l'Ecole de cavalerie espagnole après dix ans d'exil. » Moment émouvant, aboutissement de l'opiniâtreté et du courage au service d'une passion. Leur statut de vedette mondiale avait procuré aux lipizzans autrichiens égards et protection.

Michel Henriquet,
« Avec le prince des chevaux »,
in *Géo*, n° 116, octobre 1988

Le Palio

En Italie, deux fois l'an, le 2 juillet et le 16 août, Sienne s'enfièvre et n'a plus qu'une seule passion, le Palio. Sur la grande place que domine la tour del Mangia, dix chevaux montés à cru effectuent au péril de leur vie trois tours du Campo. Avec eux galopent, issues de plusieurs siècles d'histoire, toutes les passions des quartiers de la cité toscane.

Le départ

17 h 35. Sur la ligne de départ, le *mossiere* a libéré la corde. Et dix centaures s'emballent vers le virage de San Martino, celui de tous les dangers. Pur-sang et demi-sang, les chevaux sont montés à cru par les *fantini*. Vipera, Brandano, Mariolina, Tulipano, Bagnolo, Marilu, Amore : ne pas se fier aux noms dérisoires donnés à ces quadrupèdes... Ils sont les vraies vedettes de la course. L'un d'eux viendrait-il à mettre à bas son cavalier qu'il emporterait tout de même la victoire s'il franchissait le premier la ligne d'arrivée. Folles bousculades, coups de cravache et de talons à l'adversaire : il n'existe aucune règle à la compétition équestre la plus délirante du monde. Celle du 2 juillet 1987 n'a duré exactement que soixante-seize secondes et huit centièmes. A peine plus d'une minute pour parcourir trois tours du Campo, ce joyau de l'architecture gothique où des spectateurs surexcités forment grappes

aux fenêtres à colonnettes prescrites par un décret de 1297. [...]

Le claquement d'un pétard annonce la fin de la *carriera*. La piste est envahie. Des milliers de mouchoirs orange, vert et blanc, les couleurs du vainqueur, fleurissent. Bientôt ses partisans vont se retrouver à l'église de Santa Maria di Provenzano pour le Te Deum de la victoire. Et, à travers les rues étroites, on promènera le seul prix de cette course invraisemblable : le Palio, un beau drap blanc de soie peinte avec l'image de la Vierge. Pour le moment, place aux rires, aux larmes de joie et de deuil.

Aux règlements de comptes, aussi. Les coups pleuvent sur certains *fantini* pour peu qu'ils soient soupçonnés d'avoir trahi et faussé la course au profit de l'adversaire. [...]

Une ville qui se divise comme Rome ou Venise

Comme Venise a ses *sestieri* et Rome ses *rioni*, la ville toscane a ses *contrade*. Impossible d'en oublier une sans s'attirer à vie l'animosité de centaines de *contradaioli*, ces hommes et ces femmes qui, pendant des secondes de folie, ont soutenu leur champion. Mieux vaut aussi préciser l'enjeu de leur combat. Elles s'appellent donc, dans l'ordre officiel : le Porc-Epic (l'acuité), la Louve (la fidélité), l'Oie (la perspicacité), la Sylve (la puissance), le Dragon (l'ardeur), la Girafe (l'élégance), l'Onde (la joie), la Panthère (l'audace), l'Aigle (la combativité), l'Escargot (la prudence), la Tour (la résistance), la Tortue (la fermeté), la Chenille (l'habileté), le Bélier (la persévérance), la Chouette (la finesse), la Coquille (la discrétion) et la Licorne (la science). Mais qu'est-ce qu'une *contrada* ? Le terme est intraduisible. Le remplacer par quartier serait appauvrir la *contrada* de toute son histoire, oublier ses pouvoirs administratifs, judiciaires et territoriaux qu'incarne le *capitano*. [...]

Impossible de parler du Palio sans évoquer d'abord les *contrade*. Elles sont aujourd'hui dix-sept, mais, le 2 juillet et le 16 août, six chevaux harnachés de noir montés par des cavaliers aussi sombres que leur monture ferment le cortège. Ils symbolisent les *contrade* mortes : la Vipère, le Coq, le Chêne, le Glaive, l'Ours et le Lion à jamais écartées de la compétition, de la vie. En 1675, leurs partisans se seraient officiellement rendus coupables de graves méfaits. Plus vraisemblablement, ces *contrade* auraient été absorbées par plus puissantes qu'elles. A certains moments de son histoire, la ville aurait compté jusqu'à soixante, voire quatre-vingts *contrade*. Leur nombre aurait varié au rythme des épidémies de peste et des guerres. A l'origine, Sienne aurait rassemblé trente-six *contrade*. Créée, selon la légende, par Senus, fils de Remus (d'où l'existence de la Louve parmi les *contrade*), la cité aurait fédéré la population des trois villes mineures de Camollia, Castelsenio et Castelmontorio. [...]

Les *contrade* auraient peut-être disparu si Sienne, durant son histoire, n'avait eu à affirmer son identité vis-à-vis de sa puissante voisine, Florence [...].

Elles permirent aux Siennois de préserver leur fierté et une certaine autonomie dans la dépendance. Grâce à elles, Sienne continua de mériter le portrait que traçait d'elle le chroniqueur du roi de France Louis XI, Philippe de Commynes : « La ville est de toute partialité et se gouverne plus follement qu'aucune autre en Italie. »

Ce trait de caractère éclate le jour du Palio. Derrière chaque cheval, caracolent trop de souvenirs pour que la course soit une simple manifestation folklorique.

Le Palio

Palio : le nom vient probablement du nom latin *pallium*, désignant le tissu précieux de soie, de velours ou de brocart jadis donné au vainqueur. La première représentation qu'on en possède pourrait être la course de chevaux sculptée sur le fronton d'un temple étrusque découvert à Murlo, dans les environs de Sienne, et qui daterait du Ve siècle avant Jésus-Christ. A regarder les casques coniques, les nerfs de bœuf, on croirait voir les *fantini* d'aujourd'hui. Mille et un experts se sont penchés sur le devenir du Palio durant et après l'Antiquité. Ils en ont retrouvé la trace au Moyen Age. A cette époque, les nobles conduisaient «les plus rapides coursiers de Barbarie» entre la Porta Camollia ou la Porta Romana et la cathédrale. La compétition avait lieu le 15 août, jour de l'Assomption de la Vierge, à laquelle la ville était consacrée. Les manants, les compagnons et les bourgeois des *contrade* n'étaient alors que spectateurs. Pour eux, on organisa le même jour des chasses aux taureaux dans les rues de la cité. Des jeunes gens sans peur et sans reproche se présentaient en équipe. Alors apparurent les noms de la Sylve, de l'Onde, de la Tour et ceux de tant d'autres *contrade* aujourd'hui disparues. En 1489, la Girafe et l'Escargot, voulant acquérir leur juste place dans la république de Sienne, demandèrent à participer au Palio. Mais longtemps encore les *contrade* durent se contenter d'organiser un défilé de chars allégoriques toujours plus fastueux. Pour tromper leur impatience, elles mirent sur pied d'étranges courses disputées à dos de buffle.

La participation des *contrade* à la compétition équestre est attestée pour la première fois dans un texte du comte Federigo Barbolani de Monteauto. Cet ancien gouverneur nommé par les Médicis nous apprend que le 15 août 1581 l'Aigle, l'Eléphant, l'Onde, le Bélier, la Girafe, l'Oie, la Louve et le Dragon alignèrent leurs chevaux sur la ligne de départ. Surprise : une femme, Virginia, défendait les couleurs du Dragon et réussit même à se classer deuxième. Par la suite, on sait, de source sûre, que d'autres Palii avec *contrade* se disputèrent en 1605, 1612, puis 1633. Ainsi s'établit la tradition du Palio du 15 août qui se déroula, à partir de 1701, le 16 août. L'autre Palio, celui du 2 juillet, plonge ses racines moins profondément dans le passé. Ce jour de grâce de l'année 1594, un soldat de la garnison des Médicis, sans doute un peu éméché, tira sur la statuette de la Vierge de Provenzano qui se dressait dans le quartier où avait habité le condottiere Provenzano Salvani, qui avait conduit les Siennois durant la bataille victorieuse de Montaperti. Touchée au buste, la Vierge se serait vengée en faisant éclater l'arquebuse dont l'explosion tua le soudard. Les Siennois y virent le signe que la Madone ne les avait pas abandonnés. Ils multiplièrent les pèlerinages. Dans une bulle du 28 décembre, le pape Clément VII sanctifia le lieu. On y dressa une église pour abriter la statuette blessée. Le jour où elle pénétra dans l'édifice, on courut le Palio.

Par un décret de la princesse Violante de Bavière

D'autres courses eurent lieu par la suite et, en 1656, les *contrade* demandèrent à ce que la date en soit définitivement fixée au 2 juillet. Trois ans plus tard, pour la première fois, avant la course, l'image de la Vierge apparut peinte sur un tissu sacré. Finalement, ce fut Violante Béatrice de Bavière, grande princesse de Toscane, qui, le 7 janvier 1729, fixa les règles définitives des deux Palii. De son décret, datent le nombre de dix-sept *contrade* et leurs limites territoriales. En son honneur, on avait donné le 2 juillet 1717 à titre extraordinaire un Palio qui est resté dans toutes les mémoires. Il fut remporté par la *contrada* de la Tour, grâce au cheval Gioia. [...]

Il revint aussi à la princesse Violante l'honneur d'apporter au Palio l'élément qui en ferait le vrai théâtre de la vie. Elle y introduisit le *suerte*, le «sort», ce coup de pouce du destin qui décide de la joie des gagnants et proclame le malheur aux vaincus.

Amoureuse des chevaux, Violante ne supporta pas que la présence de dix-sept animaux sur la piste entraînât souvent la mort de plusieurs d'entre eux. Elle limita à dix le nombre des chevaux. Violante décida que pour le 2 juillet 1721 seraient tirés au sort les dix *contrade* qui y participeraient. L'année suivante, les sept *contrade* exclues seraient obligatoirement partie prenante de la *carriera*. Pour arriver au nombre de dix, le tirage au sort permettrait de désigner parmi les *contrade* de l'année précédente les trois qui disputeraient deux fois de suite le titre. La même règle est valable pour le 16 août, mais il n'y a aucune interférence entre les deux Palii dans l'organisation de la rotation. Chacune des courses a sa vie propre. Et pour chacune la revanche se prend d'une année sur l'autre.

Michel Crespy, «Sienne s'emballe», in *Géo*, nº 113, juillet 1988

Des chevaux célèbres

Babieca. Monture légendaire du Cid.

Bayart (ou Bayard). Cheval de la légende de Renaud de Montauban et des quatre fils Aymon. Bayart a la propriété merveilleuse de s'allonger en fonction du nombre de ses cavaliers, ce qui permet à Renaud et à ses trois frères de le chevaucher en même temps.

Black (dit l'Étalon noir). Créature du romancier Walter Farley. Un pur-sang totalement noir, rebelle, et aux nombreuses aventures.

Bucéphale. Son nom signifie « à tête de bœuf ». C'est le cheval d'Alexandre, qui était indomptable car effrayé par son ombre : le futur conquérant le monta en ayant l'idée de le placer face au soleil. Il mourut à la bataille de l'Hydaspe (326 av. J.C.), et Alexandre fonda sur son tombeau la ville de Bucéphalie.

Chiron. Le plus célèbre et le plus sage des Centaures, ces êtres monstrueux mi-hommes mi-chevaux. Il élève Achille, Jason, Asclépios. Il connaît tout, particulièrement la médecine. Blessé malencontreusement par Héraklès, il souffre tant qu'il souhaite se décharger du poids de son immortalité : Prométhée consent à se charger du fardeau de l'immortalité du Centaure, et Chiron meurt.

Crin-Blanc. Archétype du cheval camarguais, héros du film homonyme d'Albert Lamorisse (1952) « novellisé » par René Guillot en 1959.

Diomède. Ce roi de Thrace possédait quatre juments carnivores, Podargos, Lampon, Xanthos et Déinos, auxquelles il livrait les étrangers de passage. Héraklès (Hercule) tua Diomède en le livrant à ses propres juments, et amena les bêtes à Eurysthée, qui les consacra à Héra.

Al-Burâq. Cheval blanc qui emporta Mahomet au Ciel. Il était si rapide qu'il pouvait « en une enjambée se déplacer à portée de vue. »

Éloi (saint). Patron des orfèvres et des forgerons. N'arrivant pas à ferrer un cheval, il lui coupa la jambe, la ferra tranquillement et la rajusta à la bête... La légende fait peu de cas du fait qu'Éloi vécut au VIIe siècle et que la ferrure ne fut introduite en Europe qu'au IXe.

Flicka. Jument mustang née de l'imagination de la romancière américaine Mary O'Hara. Son fils Thunderhead est, plus qu'elle encore, le symbole du cheval sauvage indomptable.

Greyhound. Trotteur légendaire (1932) dont les réussites restent inégalées : 25 records du monde qui ont tenu longtemps. La plupart de ses exploits ont été réalisés contre la montre, car aucun rival ne put se mesurer à lui.

Hippogriffe. Monstre issu des amours d'une jument et d'un griffon, il apparaît dans *l'Orlando furioso* de Ludovico Ariosto (1532).

Idéal du Gazeau. Ce petit cheval noir à l'apparence banale affirma sa supériorité dans presque tous les pays où existent des courses de trot en battant de nombreux records de vitesse. Il détient toujours le record des allocations sur piste, remporta deux fois le championnat d'Europe en 1981 et 1983, et trois fois le Roosevelt International de 1981 à 1983.

Incitatus. Son maître l'empereur Caligula l'éleva, par amour de la bête et dérision du peuple romain, à la dignité de consul.

Jappeloup. Ce petit hongre (1,57 m au garrot) bai-brun, mélange de trotteur et de pur-sang, s'impose en finale du Championnat du Monde (1986) de Jumping avec Apollo, hongre bai hollandais, Mister T, mélange de hanovrien et de pur-sang de taille moyenne (1,63 m), et Abdullah, la monture de Conrad Homfeld, un impressionnant Trakehner bai entier de 1,73 m. Et il les écrase sans difficulté apparente. Il a depuis collectionné les victoires en jumping. Sa retraite (1993) le tua.

Jolly Jumper. Monture surdouée du Lucky Luke de Morris.

Licorne. Animal fabuleux, cheval à corne unique plantée au milieu du front, qui apparaît dans de nombreuses légendes (*Le Vaillant Petit Tailleur*). C'était au Moyen Age un symbole de pureté et de virginité, ainsi dans les tapisseries de la Dame à la licorne (musée de Cluny), qui devaient être offertes originellement à Mademoiselle de la Viste le jour de son mariage.

Lutin d'Isigny. Trotteur français né en 1977, qui a presque tout gagné durant l'année 1985.

Minou du Donjon. Trotteur français né en 1978; record absolu des chevaux nés en France (1'11"5/10 au km départ arrêté).

Nihilator. Cheval américain né en 1982. Détenteur du record mondial de course des ambleurs (1'49"3/5 sur le mile, départ arrêté). A remporté 33 victoires sur 35 courses entre 84 et 85.

Ourasi. «Le roi fainéant», tel est le titre de la biographie consacrée à ce champion par le journaliste hippique Homeric, en 1989. En effet, ce trotteur gagnait ses courses en feignassant au départ puis en surprenant ses adversaires par de fulgurantes accélérations.

Pégase. Le cheval ailé naît du sang de la Gorgone Méduse, lorsque Persée lui coupa la tête. Sa légende est associée principalement à celle de Bellérophon, qui monté sur Pégase, tua la Chimère et vainquit les Amazones. On raconte qu'un coup de son sabot sur la montagne de l'Hélicon avait ouvert une source nouvelle appelée depuis Hippocrène, ou Source du Cheval.

Prakas. Trotteur américain détenteur du record mondial absolu, 1'53"2/5 sur le mile, départ arrêté.

Rossinante. Un nom «bien digne de tous les roussins du monde». Jument de Don Quichotte dans le roman de Cervantès (1605), elle est l'archétype de tous les coursiers efflanqués des anti-héros ou des cavaliers peu fortunés, comme le d'Artagnan du premier chapitre des *Trois mousquetaires*.

Sagace. Cheval de course français né en 1980. A remporté deux fois de suite le prix de l'Arc de Triomphe (1984 et 1985), même s'il fut déclassé second la deuxième année. 8 victoires sur 13 courses disputées de 1984 à 1986.

Secrétariat. Monté par Ron Turcotte (1970), il est victorieux dans le Preakness de 1973. Il sera appelé «le cheval du siècle». Il s'empare de la Triple Couronne de manière triomphale, battant le record de la piste dans chacune des trois courses et remportant les Belmont Stakes par 31 longueurs.

Shahrastani. Cheval américain né en 1983. La plus célèbre des bêtes appartenant à l'un des plus grands propriétaires, l'Aga Khan.

Spend a Buck. Cheval de course américain né en 1982. 10 victoires sur 15 courses disputées. A gagné dans sa carrière 4 220 689 $.

Tony. Monture spectaculaire de Tom Mix (1880-1940), le premier des grands cow-boys du cinéma, shérif et cavalier de rodéo authentique avant de devenir acteur (*Just Tony*, 1920; *The Lone Star Ranger*, 1923). Il savait même défaire des nœuds. Modèle probable de Jolly Jumper.

Tornado. Cheval de Zorro, noir comme l'habit de son maître.

Troie. C'est dans les flancs d'un gigantesque cheval de bois qu'Ulysse se dissimule pour finalement conquérir la ville assiégée depuis dix ans, comme il est raconté dans *l'Odyssée*.

Veillantif. Monture ordinaire du paladin Roland. C'est donc un destrier ou un palefroi plus qu'un simple cheval.

Vif-Argent. Le cheval de Fred Thomson, l'un des premiers cow-boys du cinéma. **Vizir.** Cheval arabe de Napoléon, naturalisé en 1826 en attendant le retour des cendres de son maître, il est avec lui aujourd'hui au musée de l'Armée aux Invalides.

Jean-Paul Brighelli

Petit glossaire illustré

Aides : moyens utilisés par le cavalier pour transmettre sa volonté au cheval.
Alezan : robe (couleur) dont les poils et les crins sont marron.
Amble : allure particulière où le cheval marche en levant en même temps les deux membres du même côté.
Arçon : armature interne de la selle qui lui confère sa rigidité.
Avant-main : partie du cheval située en avant des mains du cavalier.
Bai : robe dont les poils sont marron avec les crins et les extrémités noirs.
Balzane : marque blanche plus ou moins importante au bas d'un membre.
Bombe : coiffure avec visière en velour noir renforcée, portée par les cavaliers de concours et de club.
Bouchonner : action de frotter vigoureusement le cheval avec une poignée de paille serrée.
Bride : harnais de tête destiné à conduire le cheval.
Café au lait : robe aux poils et crins marrons très clair.
Cagneux : défectuosité d'aplomb où les pieds sont tournés vers l'intérieur (contraire : panard).
Chaps : abréviation de chaparajos. Jambières plus ou moins longues portées sur le pantalon pour protéger les jambes.
Débourrage : première éducation du cheval qui consiste à lui faire accepter la selle, le mors et un cavalier.
Embouchure : partie de la bride qui se place dans la bouche du cheval.
En-tête : marque blanche sur le front.
Entier : se dit d'un cheval qui n'est pas castré.
Filet : embouchure la plus simple qui agit sur la commissure des lèvres.
Fontes : sacoches placées à l'avant de la selle.
Gris : robe ou des poils noirs et blancs sont mélangés ; la plupart des chevaux slaves sont en réalité gris.
Hackamore : harnachement agissant sur le chanfrein par l'intermédiaire d'une muserolle. Le cheval n'a rien dans la bouche.
Haras : lieux destinés à la reproduction.
Hipposandale : sorte de chaussure utilisée dans l'Antiquité à la place des fers.
Hongre : cheval mâle rendu impropre à la reproduction par castration.
Isabelle : robe marron clair avec les crins et les extrémités noirs.
Jodhpur : pantalon d'équitation long porté avec des bottines ou des chaussures basses.
Lad : garçon d'écurie qui soigne les chevaux de course.
Ladre : région de la peau dépourvue de pigments et de poils se situant au bout des lèvres ou du nez.
Licol : harnais de tête destiné à conduire ou à attacher le cheval.
Liste : trace allongée de poils blancs sur le chanfrein.
Longe : corde attachée au licol.
Louvet : robe du cheval composée de poils marron ou jaunes mélangés à des noirs, ou de poils alliant les deux couleurs.
Mash : nourriture chaude appétissante, nutritive et digeste.
Mue : chute de poils d'hiver qui se produit aux premières chaleurs.
Musette : petit sac attaché à la tête du cheval qui lui sert de mangeoire.
Panard : défectuosité d'aplomb où les pieds sont orientés vers l'extérieur.
Panser : soigner le cheval en le nettoyant avec un jeu de brosses et une étrille.
Parer : enlever l'excès de corne de sabots.
Pie : robe composée de plaques de deux couleurs différentes.
Robe : ensemble des poils et des crins qui recouvrent le corps du cheval.
Rouan : robe composée de trois couleurs de poils : blanc, noir et marron.
Souris : robe dont les poils sont gris et les crins et extrémités noirs.
Stud book : registre sur lequel sont enregistrés les noms et les généalogies des chevaux « à papiers ».
Taille : hauteur du cheval mesurée du sol au sommet du garrot.
Tapis de selle : pièce épaisse de tissu qui se place sous la selle.
Tölt : allure particulière des poneys islandais.
Tord-nez : instrument destiné à serrer le bout du nez du cheval afin de l'immobiliser.
Van : véhicule servant à transporter le cheval.
Zain : se dit d'un cheval qui n'a aucun poil blanc dans sa robe.

d'après C. Lux,
Le guide du tourisme à cheval,
Paris, M.A. Éditions

GLOSSAIRE ILLUSTRÉ

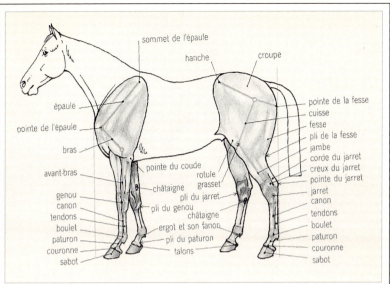

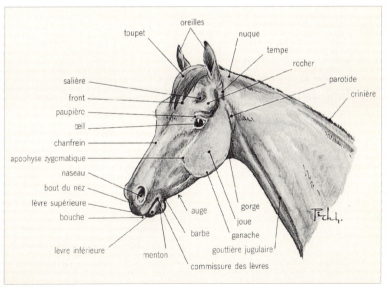

Descriptif des membres et de la tête du cheval.

150 TÉMOIGNAGES ET DOCUMENTS

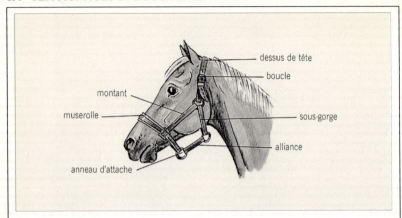

Le harnachement et l'attelage.

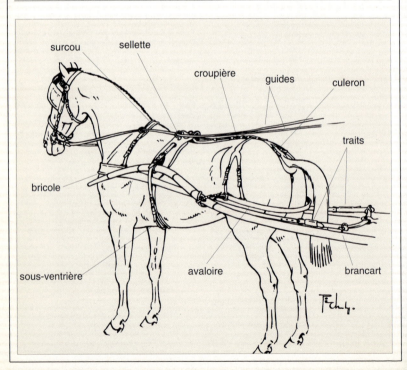

GLOSSAIRE ILLUSTRÉ 151

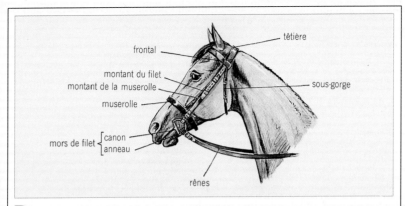

Pedigree, descriptif des origines d'un cheval pur-sang de course.

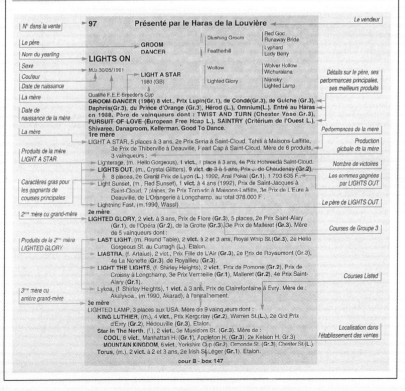

BIBLIOGRAPHIE

Ouvrages généraux

– H. B. Barclay, *The Role of the Horse in Man's Culture*, Londres, J. A. Allen, 1980.
– C. Cassart et R. Moirant, *Dictionnaire du cheval et du cavalier*, Paris, Maloine, 1979.
– J.-P. Digard (ed.), *Des chevaux et des hommes. Equitation et société*, Lausanne, Caracole, 1988.
– J.-P. Digard, *L'Homme et les animaux domestiques. Anthropologie d'une passion*, Paris, « Le temps des sciences », Fayard, 1990.
– L.-N. Marcenac, H. Aublet et P. d'Hauteville, *Encyclopédie du cheval*, Paris, Maloine, 1980 (1re éd. 1964).
– Mennessier de la Lance, général, *Essai de bibliographie hippique*, 2 vol., Paris, Librairie Lucien Borbon, 1915-1921.
– P. Morand, *Anthologie de la littérature équestre*, Paris, Olivier Perrin, 1966.
– C.-H. Tavard, *L'Habit du cheval. Selle et bride*, Fribourg, Office du Livre, 1975.
– F. Urquhart (ed.), *The Book of Horses*, New York, William Morrow and Co., 1981.
– H. B. Wells, *Horsemanship. A bibliography of printed material from the sixteenth century through 1974*, New York, Londres, Garland Publishing Inc., 1985.

Histoire naturelle du cheval et des équidés

– H. L. Blanc, *Guide du cheval, du poney et des autres équidés*, Neuchâtel, Delachaux et Niestlé, 1983.
– S. Bökönyi, *The Przewalsky Horse*, Londres, Souvenir Press, 1974.
– J. Clutton-Brock, *Horse Power. A History of the Horse and the Donkey in Human Societies*, Londres, Natural History Museum Publications, 1992.
– V. Eisenmann, *Les Chevaux (« Equus lato sensu ») fossiles et actuels*, Paris, Ed. du CNRS, 1980.
– M.-A. Leblanc, *Le Cheval. Comportement, vie sociale, relations avec l'environnement*, Montréal, Ed. de l'Homme, 1984.
– R. Liddeker, *The Horse and its Relatives*, New York, Maison, 1912.
– T. MacKnight, *Feral Livestock in Anglo-America*, Los Angeles, University of California Press, 1964.

Histoire ancienne du cheval et de l'équitation

– A. Azzaroli, *An Early History of Horsemanship*, Leiden, E. J. Brill, 1985.
– R.-H. et A.-M. Bautier, «Contribution à l'histoire du cheval au Moyen Age», *Bulletin philologique et historique*, 1976, pp. 209-249; 1978, pp 9-75.
– A. Hyland, *« Equus romanus » : the Horse in the Roman World*, Londres, B. T. Batsford, 1990.
– H. Lee, *Historique des courses de chevaux de l'Antiquité à nos jours*, Paris, Fasquelle, 1914.
– Lefèbvre des Noëttes, commandant, *L'Attelage et le cheval de selle à travers les âges. Contribution à l'histoire de l'esclavage*, 2 vol., Paris, Picard, 1931.
– B. Prévot et B. Ribémont, *Le Cheval au Moyen Age*, Caen, Paradigme, 1993.
– J. Spruytte, *Etudes expérimentales sur l'attelage. Contribution à l'histoire du cheval*, Paris, Crépin-Leblond, 1977.
– P. Vigneron, *Le Cheval dans l'Antiquité gréco-romaine (des guerres médiques aux grandes invasions). Contribution à l'histoire des techniques*, 2 vol., Annales de la faculté des lettres et des sciences humaines de l'université de Nancy, 1968.
– L. Whyte Jr., *Technologie médiévale et transformations sociales*, Paris, Mouton, 1969.

Histoire du cheval et de l'équitation à l'époque moderne et contemporaine

– N. de Blomac, *La Gloire et le jeu. Des hommes et des chevaux, 1766-1866*, Paris, Fayard, 1991.
– G. Bouchet, *Le Cheval à Paris de 1850 à 1914*, Genève, «Mémoires et documents de l'Ecole des chartes», Droz, 1993.
– C. Brunet et R. Thomas, *L'Equitation*, Paris, «Que sais-je ?», PUF, 1990.
– Dugué Mac Carthy, général, *La Cavalerie française et son harnachement*, Paris, Maloine, 1985.
– Homéric, *Ourasi, le roi fainéant*, Paris, Presses de la Renaissance, 1989.
– J. Jobé, *Au temps des cochers. Histoire illustrée du voyage en voiture attelée du XVe au XXe siècle*, Lausanne, Edita, 1976.
– J. Kidd, *Horsemanship in Europe*, Londres, J. A. Allen, 1977.
– G. Konopnicki, *La France du tiercé. Ordre et désordre d'une passion populaire*, Lyon, La Manufacture, 1986.
– G. Le Bon, *L'Equitation actuelle et ses principes*, Paris, J.-M. Place, 1990 (1re éd. 1892).

– B. Lizet, *Le Cheval dans la vie quotidienne. Techniques et représentations du cheval de travail dans l'Europe industrielle*, Paris, Berger-Levrault, 1982.
– B. Lizet, « "C'est la montagne qui le donne". Le pottock, petit cheval du Pays basque », *Production pastorale et société*, n° 18, 1986, pp. 72-90.
– B. Lizet, *La Bête noire. A la recherche du cheval parfait*, Paris, Ed. de la Maison des sciences de l'homme, ministère de la Culture, Mission du patrimoine ethnologique, 1989.
– J. Mulliez, *Les Chevaux du royaume. Histoire de l'élevage du cheval et de la création des haras*, Paris, Montalba, 1983.
– R. Musset, *De l'élevage du cheval en France*, Paris, La Maison rustique, 1917.
– C. Naudot, *Camargue et gardians*, Arles, Parc naturel régional de Camargue, 1977 (1re éd. 1948).
– J.-P. Reynaldo, *Histoire des courses au trot*, Paris, Ed. Galtro, 1990.
– J. Robinet, *Compagnons de labour. Roman d'un paysan et de ses chevaux*, Paris, Flammarion, 1946.
– F. Sommer d'Andrade, *La Tauromachie équestre au Portugal*, Paris, Michel Chandeigne, 1991.
– J. Thirks, *Horses in Early Modern England : for Service, for Pleasure, for Power*, Reading, University of Reading Press, 1978.
– F. M. L. Thompson (ed.), *Horses in European Economic History*, Reading, British Agricultural History Society, 1983.

Chevaux et cavaliers d'Orient et d'Afrique

– Abou Bekr ibn Bedr, *Le Naçeri. La Perfection des deux arts ou Traité complet d'hippologie et d'hippiatrie arabes*, M. Perron (ed.), Paris, Bouchard-Huzard, 1852.
– G. W. Azoy, *Buzkashi. Game and Power in Afghanistan*, Philadelphie, University of Philadelphia Press, 1982.
– Ben Hodeïl el Andalousy, *La Parure des cavaliers et l'insigne des preux*, L. Mercier (ed.), 2 vol., Paris, Geuthner, 1922-1924.
– V. Courtot-Thibault (ed.), *Le Petit Livre du cheval en Chine*, Lausanne, Caracole, 1989.
– Daumas, général, *Les chevaux du Sahara et les mœurs du désert [...] avec des commentaires par l'émir Abd-el-Kader*, Paris, Michel Lévy, 1855 (3e éd.).
– J. Deloche, *Le Cheval et son harnachement dans l'art indien*, Lausanne, Caracole ; Paris, Ecole française d'Extrême-Orient, 1986.

– M. Kretschmar, *Pferd und Reiter im Orient. Untersuchungen zur Reiterkultur Vorderasiens in der Seldschukenzeit*, Hildesheim, Olms Presse, 1980.
– R. Law, *The Horse in West African History : the Role of the Horse in the Societies of pre-colonial West Africa*, Londres, Oxford University Press, 1980.
– E. Sereni, « La circulazione etnica e culturale nella steppa eurasiatica. Le techniche e la nomenclatura del cavallo », *Studi Storici*, n° 3, 1967, pp. 455-533.
– H. Serruys, *Kumiss Ceremonies and Horses Races*, Wiesbaden, Otto Harrassowitz, 1974.

Chevaux et cavaliers en Amérique

– R. Denhardt, *The Horse of the Americas*, Norman, University of Oklahoma Press, 1948.
– J. C. Ewers, *The Horse in Blackfoot Indian Culture, with Comparative Materials from Others Western Tribes*, Washington DC, Smithsonian Institution, Bureau of American Ethnology, 1955.
– R. B. C. Graham, *Horses of the Conquest*, Norman, University of Oklahoma Press, 1949.
– J. J. Johnson, « The introduction of the horse into the Western hemisphere », *The Hispanic American Historical Review*, vol. 23, n° 4, pp. 587-610.
– E. A. Lawrence, *Rodeo. An Anthropologist Looks at the Wild and the Tame*, Chicago, University of Chicago Press, 1982.
– F. G. Roe, *The Indian and the Horse*, Norman, University of Oklahoma Press, 1955.

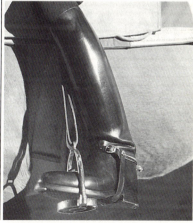

TABLE DES ILLUSTRATIONS

COUVERTURE

1er plat de couv. (hb) : *A view of Newmarket Heath with horses exercising*, peinture de J. Seymour.
premier plat (m) : *The first trotting race*, peinture de R.S. Hillman.
dos : *The patron*, peinture de J. Walker.
2e plat de couv. : *Le Wagon à charbon*, Géricault. British Museum, Londres.

OUVERTURE

pages 1-9 *Traité d'hippiatrie*, manuscrit arabe, 1670. Bibliothèque nationale, Paris.

CHAPITRE I

11 Miniature indienne.
12 Chevaux kabardes, Caucase, photo.
13 Porteurs indiens aidant les Espagnols, miniature in *Historia de las Indias,* Diego Duran, 1579. Bibliothèque nationale, Madrid.
14h Le tarpan, lithographie, XIXe siècle. Bibliothèque nationale, Paris.
14b Le cheval de Przewalski, gravure de 1890.
15 L'expédition Przewalski, gravure in *Le Tour du Monde*, 1887.
16h Le Couagga, lithographie coloriée in *Histoire des mammifères*, Huet, 1824. Bibliothèque centrale du Museum, Paris.
16b Conquête du Mexique, manuscrit mexicain, XVIe siècle.
17 Embarquement et transport des chevaux pour l'Amérique, gravure in *Manejo real en que se propone lo que deben saber los caballeros*, de Manuel Alvarez Assorio y Vega, Madrid, 1769.
18 Dessin colorié in *Libro Trujillo del Peru*, Martinez Companon. Bibliothèque du Palais royal, Madrid.
19hb Elevage de chevaux, réductions des Jésuites du Paraguay, aquarelles du père Florian Paucke, 1748. Bibliothèque des Fontaines, Chantilly.
20/21h Mustangs au Nevada, photo.
20/21m Attaque de convoi par les Indiens, gravure, XIXe siècle.
20/21b Mustang, photo.
22b Chevaux en Camargue, photo.
22/23 Brumbies, photo.
23c Poneys camarguais, photo.
23b Pottock, photo.

CHAPITRE II

24 Sépulture chinoise, dynastie Shan (1766-1123 av. J.-C.).
25 Dresseur de chevaux, manuscrit grec, XIe siècle. Bibliothèque Marciana, Venise.
26 La poursuite des chevaux sauvages sur le roc de Solutré, gravure in *l'Homme primitif*, Figuier, 1873.
27h Idem (détail).
26/27 Le dressage, gravure, in *Le Tour du Monde*, 1888.
28h Le roi Assurbanipal chassant les onagres sauvages, bas-relief, environ 645 av. J.-C. British Museum, Londres.
28b Mr Rarey dressant un zèbre, lithographie coloriée.
29 Ane, mulet et bardeau, gravures coloriées de De Sève pour l'*Histoire naturelle* de Buffon.
30h Evolution de la patte de cheval, moulage.
30d Evolution de la patte de cheval, moulage.
30b Squelette du cheval, dessin à la plume, 1748, Edmée Bouchardon. Cabinet des dessins, Musée du Louvre, Paris.
31g Evolution de la patte de cheval, moulage.
31h Squelette du cheval (détail), dessin à la plume, 1748, Edmée Bouchardon. cabinet des dessins, Musée du Louvre, Paris.
32h Indiens et métis à cheval, gravure coloriée in *Libro Trujillo del Peru*, Martinez Companon. Bibliothèque du Palais royal, Madrid.
32/33 *Indiens émigrants pour l'hiver*, lithographie, XIXe siècle.
33 Peau de bison, Indiens mandans, Dakota, USA.

CHAPITRE III

34 Le travail à la ferme, miniature *in* manuscrit français, 1537.
35 Course des quadriges, diptyque des lampadi, Ve siècle. Musée chrétien, Brescia.
36/37h b Etendard du cimetière royal d'Ur.
36/37m Char égyptien, peinture, Thèbes, vers 1400 av. J.-C.
38/39 *La course de chariot*, peinture, Alexandre von Wagner.
40h Bricole, gravure in *Le Nouveau Parfait Maréchal*, 1771.
40b Collier d'épaule, *idem*.
40/41 Harnachement, *idem*.
41 Charrettes ramenant la moisson, miniature, *in* manuscrit anglais de L. Psalter 1335-1340, AD.
42/43 *Attelage de chevaux remontant le Rhône*, peinture de Dubuisson. Musée des Beaux-Arts, Lyon.
43 *The Harrowing Team*, peinture de John Frederick Herring the Elder. Coll. part.

CHAPITRE IV

44 Combat des Amazones avec Alexandre le Grand, in *Roman d'Alexandre*, miniature, XVII-XVIIIe

TABLE DES ILLUSTRATIONS 155

siècle. Bibliothèque nationale, Paris.
45 Archer, figurine en bronze d'un vase étrusque.
46h La chasse, relief de Ninive, vers 645 av. J.-C. British Museum, Londres.
46b Un cavalier, fresque, IVe siècle av. J.-C., provenance Paestum. Musée archéologique, Naples.
47h Cavalier Scythe, détail d'une amphore, VIIIe-VIe siècle av. J.-C. Musée de l'Ermitage, Saint-Pétersbourg.
47b Sarcophage d'Alexandre, détail du combat entre Grecs et Perses, Sidon (Liban), fin IVe siècle. Musée archéologique, Istanbul.
48h L'écuyer de Guillaume lui amène son cheval, détail de la tapisserie de la Reine Mathilde, XIe siècle. Musée de l'Evêché, Bayeux.
48/49 Le palais des Virreyes, paravent peint, anonyme, XVIe siècle. Museo de America, Madrid.
49 Tapis de selle de Pazyrikh.
50/51 Différentes selles, Musée du château, Saumur :
1/ Selle avec pommeau en forme de tête de cheval, Indiens des plaines. Smithonian Institution, Washington.
2/ Arçon de selle maghrébine, fin XIXe s.
3/ Selle d'Amazone.
4/ Selle afghane.

5/ Arçon de selle de cavalerie légère.
52/53 Différents étriers et mors, Musée du château, Saumur :
1/ Etrier cruciforme, XVIIe s.
2/ Etrier colombien, XIXe s.
3/ Mors à anneaux et gourmette.
4/ Etrier du Paraguay.
5/ Eperon à molette, Russie, XIXe s..
6/ Etrier à secret, France.
7/ Mors vétérinaire.
8/Etrier de femme, Pérou.
54 1er Tournoi, miniature in *Livre des Tournois* du Roi René, 1460.
55 *Charge des Royal Scots Greys à Waterloo*, peinture de Lady Butler.

CHAPITRE V

56 *Le Maréchal-ferrant*, peinture, Géricault, 1813. Kunsthaus, Zürich.
57 Dissection du cheval, gravure in *Traité complet de la médecine des chevaux*, Lafosse.
58h Fers à cheval, gravures in *Le Nouveau Parfait Maréchal*, 1771.
58b Hipposandale.
59h Fabrication des fers à cheval, planche de l'Encyclopédie, XVIIIe siècle.
59b *Le Maréchal ferrant*, peinture de John Frederick Herring.
60h Saint Eloi sauvant un cheval dans son atelier d'orfèvre, miniature, XVe siècle.

Bibliothèque malatestienne, Cesena.
60b Dissection, gravure de Carlo Ruini.
61h Soins donnés au cheval in *Le Livre des chevaux*, an 605 de l'Hégire. Bibliothèque nationale, Le Caire.
61b Cavalier anatomisé. Ecole vétérinaire d'Alfort/Musée Fragonard, Paris.
62/65 Planches de dissection, gravures coloriées in *Traité complet de la médecine des chevaux*, Lafosse.
66h, b & m Gravures in *Traité pour faire race de chevaux*, Georges Simon Wintler, 1703. Bibliothèque nationale, Paris.
67b Elevage en liberté, gravure in *Traité de Newcastle*.
68 Ecuries, gravure in *Traité de Newcastle*.
69 *Brood mares in Lipizza in 1727*, peinture de Georg von Hamilton Kunsthistorisches Museum, Vienne.

CHAPITRE VI

70 Habit du cavalier (détail), photo.
71 Saut, gravure, XVIIIe siècle.
72 *Turn him loose, Bill*, peinture de Frederic Remington.
72/73 *The Buck jumper*, peinture de Stanley L. Wood.
73h Cavalerie Gouaycourous, gravure de J.-B. Debert, 1834. Bibliothèque nationale de Rio de Janeiro.

73b Camp de Tartares, gravure extraite de *Voyage en Russie*, 1803. Société de Géographie, Paris.
74 *Un jockey au galop*, peinture de Charles Towne.
74-75 *George Ramsey, neuvième comte de la baie de Dalhousie*, tableau de James Howie. Coll. part.
75 *Le cheval arabe Godolphin*, peinture de D. Quigley.
76/77 *Ecurie des Trotting Cracks*, peinture. Museum of the City of New York, New York.
78h Type idéal de cheval d'attelage, gravure in *Applications de la zootechnie* de André Sanson, 1867. Bibliothèque nationale, Paris.
78b Type idéal de cheval de selle, *idem*.
79h Type idéal de cheval de trait léger, *idem*.
79b Type idéal de cheval de gros trait, *idem*.
78/79 *Les Ecuries*, peinture de J. F. Herring, 1845.
80/81 Tableau des différentes races chevalines.
82 *Taking a hedge and rail*, tableau de John Dalby, 1850.
82/83h & b *Les cavaliers Peytona et Faschion à la course des 20 000 $*, peinture. Museum of the City of New York, New York.
84/85 Courses de chevaux dit *Le Derby de 1821 à Epsom*,

peinture de Géricault. Musée du Louvre, Paris.
85 *Arrivée des courses à Longchamp*, peinture de Degas.
86/87 Chronophotographies, Muybridge.
88/89 Regent Street, carte postale.
89 *Dans l'omnibus vers 1880*, tableau de Maurice Delondre, Musée Carnavalet, Paris.
90 *Descente de cheval dans la mine du Creusot*, dessin, Alphonse Neuville.
90/91 *La Place Clichy*, tableau d'Edmond Grandjean, 1896. Musée Carnavalet, Paris.
91 Enseigne du XIXe siècle : « Au relais du Postillon ». Musée de la Poste, Amboise.
92h & b Le bozkashi afghan, photos.
93h & b Capture de chevaux sauvages au lasso (Mongolie), photos.
94/97 *Etudes pour la haute école de cavalerie*, peintures du baron Reis d'Eisenberg pour le comte de Pembroke.
98 La croupade, photo.
99 Gravure in *Instructions du Roy en l'exercice de monter à cheval*, Pluvinel, 1627.
100h Cavalier, Ecole espagnole de Vienne, photo.
100/101 Courbette sur le cercle, photo.
101h Exercice de saut à l'Ecole de Vienne, photo.

CHAPITRE VII

102 Randonnée équestre à Gavarnie, photo.
103 Derby flottbek, photo.
104h Course de quarter horse, photo.
104b Course à Santa Anna, photo.
105h Parieurs à Vincennes, photo.
105b Red Mile racing Stondordbred, photo.
106/107 Racing à Cheltenham, photo.
108hg Master de Paris, photo.
108hd Master de Paris, photo.
108b Jumping, photo.
109 Pic Andy au Badminton Horse Trials, mai 94, photo.
110h Jumping, photo.
110b Equitation junior, photo.
111g Les falabellas de lady Fisher, photo.
111d Horse ball, photo
112 Marie Sara toréant à cheval, photo.

TÉMOIGNAGES ET DOCUMENTS

113 Cheval, miniature in *Traité d'hippiatrie*, XVIIIe siècle. Bibl. nat., Paris.
114 *Huntsman leading bay in front of stable*, peinture de Thomas Stringer. Coll. part.
116 *Le Comte d'Aure à cheval*, peinture.
119 Cadre noir s'entraînant sur un simulateur équestre, photo.
120/121 Le saut, photo.
122 *Le Boulevard des Italiens en 1858*, gravure de Linton.
123 Enseigne d'une boucherie chevaline à Paris.
124/125 lithographies *in* «La Misère du cheval», *L'Assiette au beurre*, juin 1905.
126 Marché aux chevaux au début du siècle.
127h Indicateur des foires chevalines de France, 1905.
127b Abattoir de chevaux à Montmartre, gravure. Musée Carnavalet, Paris.
128 Carrousel de 1988, photo.
129 Sauteur rentrant à l'écurie, photo.
130 Gravures extraites de *Instructions du Roy en l'exercice de monter à cheval*, Pluvinel, 1627.
131 *Idem*.
132 Monstre mi-homme, mi-cheval, gravure.
134 *Puits Saint-Pierre et Saint-Paul*, 1866, peinture de François Bonhomme. Ecomusée du Creusot.
135 Ecuries en Yougoslavie, photo.
136 Ecole d'équitation espagnole, photo.
138/139 Ecole d'équitation espagnole, photo.
142 *Palio en l'honneur de François II et Marie Thérèse d'Autriche*, peinture de Zocchi Guiseppe (1711-1767). Collection Monte dei Paschi, Sienne.
145 *Idem* (détail).
147 Anatomie du cheval, dessins de Pierre Chambry in *Manuel officiel de préparation aux examens fédéraux d'équitation*, Editions Lavauzelle, 1988.
148h Le harnachement, *idem*.
148b L'attelage, *idem*.
149h Le harnachement, *idem*.
149b Tableau descriptif des origines d'un pur-sang de course.
151 Positionnement de l'étrier, photo.

INDEX

A

Académie des sciences 63.
Afghanistan *31, 93*.
Afrique 16, *16*, 30, 31, *31*, 46, 54, 58,

Agha Khan 106.
Alexandre *45, 47*.
Alfort (école vétérinaire) 60, *63*, 76.
Allemagne 42, 61, 104, 115.
Altaï *15*, 32, *49*.

Alzado (alçado) *18*.
Amérique du Nord 17, *18*, 19, 20, *21, 23*, 30, 31, *32*, 42, *73*, 91, 106, 111 ;
du Sud *32, 53, 73*, 91.
Anatomica del cavallo (Ruini) 60.

Anchiterium 30.
Andalou (race) *81*, 100, 110.
Andalousie 69.
Anes 22, 29, 29, *31, 36*, 37, *37*, 46, *66*.
Angleterre 42, *43*, 58,

INDEX

67, 69, 74, *74*, 75, *76*, 82, 88, 104, 106.
Anglo-arabe (race) *81*.
Anjou *54*.
Anyang *25*.
Appaloosa (race) *81*, 110.
Arabes 49, 98; (race) 69, 76, *81*, 110.
Arcelin 26.
Arçon de selle *50*, *51*.
Ardennais (race) 77.
Argentine 17, *27*.
Arménie 54.
Asie 15, 17, 31, 37, 46, 48, *49*, 66, 73, 91, 92.
Assateague Island 20.
Assurbanipal *28*.
Assyriens *46*.
Aure, d' 99, 116.
Australie 22, *23*, 91.

B

Bakewell 75, 76.
Banpo 32.
Barbe (race) 69, *75*, *81*, 110.
Bardot 29, *29*.
Baron 76.
Basse école *95*.
Baucher 99, 116.
Berbères 49, 92.
Bidet 74.
Biltzea 22.
Bolas *19*, 92.
Bourgelat *63*.
Boussac 106.
Boute-en-train 67
Bozkashi *93*.
Brabant (race) 77, *81*.
Brabeza *18*.
Brancardier *41*.
Brancard *41*, 42.
Brancas, marquis de 69.
Braudel 67.
Brésil 17, 18.
Bretagne *43*, 74.
Breton (race) 42, 82.
Brida *48*, 73.
Broca 77.
Brumbies 13, 22, *23*.
Buffon *57*, 76.
Byzance 48, 58.

C

Cadix 69.
Cadre noir 71, 99, *99*, *101*, 118.
Camargue 20, 91; (race) *81*.
Canada 20.
Castille 69.
Caucase *13*.
Cavalier anatomisé, Le (Fragonard) 60, *61*.
Champs-de-Mars 83.
Charles II 67.
Charles VI *100*.
Cheval d'attelage *76*; de labour 43; d'obstacle 111; de selle *76*; de trait 43, *76*, 77, 89, 92, 104; de volée *42*.
Cheval de selle américain *81*.
Chichimèque 32.
Chili 33.
Chine (chinois) 32, 48, 58, 66.
Chucro *18*.
Cimarrone *13*, *18*, 19.
Cleveland bay (race) *81*.
Clydesdale (race) *43*, 77, *81*.
Colbert 67.
Colomb 17, *17*.
Colombie *53*.
Comtois (race) 82.
Constantinople 63.
Coral *19*.
Coraling *19*.
Corsegue 61.
Couagga 13, 16, *16*.
Cours d'hippiatrique ou Traité complet de la médecine des chevaux (Lafosse) *65*.
Cow-boy 73, 92.
Crassus 54.
Cravache *51*.
Creusot *90*.
Criollos (race) 17, 72, 81.
Cromwell, Olivier 67, 75.
Crows *32*.

D

Danemark 69.
Deffontaines *18*.
Demi-sang irlandais (race) *81*; demi-sang français (race) 106.
Dereivka 31, 32.
Descartes 100.
Doma vaquera 110.
Dziggetai *31*.
Dzoungarie 14.

E

Ecole espagnole de Vienne 69, *100*, 136.
Ecole nationale d'équitation *101*.
Ecosse 43.
Egypte 46.
Endurance 109.
Eohippus 30, *30*.
Eperons *53*, 100, 111.
Epizootie 60.
Equarrisseur 90.
Equitation allemande 73; cow-boy 73, *73*; espagnole 73; française 73; gaucho 72, 73.
Espagne (Espagnols) *17*, 19, *19*, 32, 33, 48, 49, *53*, 55, 61, 66, 69, 91, 104.
Etalon 17, *17*, 29, *47*, 66, 67, 68, 69, 76.
Etalonnier 90.
Etrier 47, 48, *48*, 49, *51*, *53*, 73, *74*.
Etrivière *48*.
Extrême-Orient 49.

F

Falabella (race) *81*, 111.
Farasnâmeh 98.
Ferrare 98.
Ferrure à clous 58, *58*, *59*, 88.
Floride 18.
Frise 69.

G

Garamantes 46.
Garde républicaine *58*.
Gaucho, équitation *27*, *92*, 72, 73.
Gélinotte 108.
Genets 69, 100.
Geoffroy-Saint-Hilaire, Isidore 28.
Géricault *57*.
Gmelin 14.
Gobi, désert de *15*.
Godolphin Arabian 75.
Godolphin, lord 75.
Grand Canyon 20.
Grisone 98.
Guillaume le Conquérant *48*.

H

Hackney (race) *81*.
Haflinger (race) *81*.
Hagenbeck 14.
Hambourg 14.
Hanovrien (race) *81*.
Haras 67, 68, 69, *69*, 74, 77.
Harnachement *41*.
Harnais *41*.
Haute-école *95*, 97.
Hémione 15, 28, *28*, *31*, 37, *37*.
Hémippe *31*.
Henri IV 67.
Henri VIII 67.
Hipparion 30.
Hippiatrie 60, *61*, 65.
Hipposandale 58, *58*.
Hiracotherium 30.
Hispaniola (Saint-Domingue) 17.
Histoire naturelle (Buffon) 57.
Hittites 37, 46.
Horse-Ball 109, 110.
Hypohippus 30.

I-J

Idéal du Gazeau 108.
Imbreeding 76.
Indes *31*, 48, 58, 66.
Indiens 18, 20, *21*, 32, *32*, 33, *33*, 73.
Indiens des Plaines, *32*

Iran 92, 93.
Italie 55, 61, *97*, 104.
Jacques I*er* 74.
Japon 58, 105, 106.
Jerez 71.
Jineta *48*, 49, 73.
Jockey 105, 106.
Jockey-Club 83.
Jumping 109.

K

Kabardin *13*.
Karakul *15*.
Karl, archiduc *69*.
Khur *31*.
Kiang *31*.
Kitâb al-faras ou Kitâb al-Khayl 61.
Konopnicki 105
Koulan *31*.
Kushân 48.

L

Lads 106.
Lafosse *63, 65*.
La Fontaine *42*.
La Guérinière *97*, 98, *100*, 103.
Lefèbvre des Noëttes 40, 41.
Lhassa *15*.
Licol 93.
Limousin 67.
Lipizza *69*.
Lipizzan (race) *69, 81, 100*, 136.
Louis XIII *97*.
Louis XIV 66, 75.
Louis XV *63, 75, 97*.
Lusitanien (race) 110.
Lyon 60.

M

Maréchal-ferrant 58, *58, 59*, 60, *63, 65*, 90.
Maroc *75*.
Marronnage 18, 19, 20.
Martel, Charles 49.
Mathilde, reine *48*.
Méditerranée 47.
Merychippus *30*.
Mesohippus *30*.
Mexique 18, 19, 32.
Mongolie (Mongols) 14, *15, 31*, 49, 58, 92, *92*.

Morgan (race) *81*.
Mors *41*, 47, *53*, 100, 111.
Morvan 67.
Moscovie 43.
Moyen-Orient 37, *37*, 66.
Mulet 29, *29*.
Mulliez 74.
Mustang 13, 19, 20, *21, 23*.

N-O

Naples 98.
Napoléon *55*, 100.
Navarre 67.
Newcastle 98, 103.
Nouveau-Mexique 33.
Numides 54.
Onagre *31*.
Orénoque 18.
Orlov (race) *81*.
Ossouri *15*.
Ourasi 108.

P

Palefrenier 90.
Palio 142.
Paleotherium 30.
Palomino (race) *81*, 110.
Pampa 72.
Panama 17.
Paraguay *53*.
Paris *63, 75*, 83, 89, *91*, 122.
Parthes 54.
Patagonie 33.
Paucke *19*.
Pays basque 21, *22*.
Pazyryk 32, 48, *49*.
Percheron (race) *42, 81*, 82.
Périssodactyle 29.
Pérou 18, *53*.
Perse *31, 47*, 49; Persan 98.
Philippe II 66.

Piber *69*.
Pignatelli 98.
Pinto (race) *81*, 110.
Plata *27*.
Pluvinel *97*, 98, *99*.
Poljakoff 15.
Pommeau *50*.
Poney 21, 109 ; Poney Welsh (race) 67, *81*.
Postillon 90, *91*.
Pottock 21, 22, *22*.
Proche-Orient 46.
Prusse 69.
Przewalski, cheval de 13, 14, *14*, 15, *15*.
Przewalski, N. M. 14, *15*.
Pur-sang anglais (race) 76, 77, *81*, 82, 88, 106.
Pyrénées occidentales 21.

Q-R

Quadesh, bataille de 37.
Quarter Horse (race) *81*, 110.
Qufu 32.
Ramsès II 37.
Randonnée 109, 110.
Rarey *28*.
Red Desert 20.
Rênes *41*, 47, *53*.
Rhénan 42.
Rome 46.
Rothschild 106.
Russie (Russes) *15, 53*, 66, 106.

S

Sable Island 20.
Sablons, plaine des 83.
Sahara 37.
Saint-Pétersbourg 14.
Sanson 76, *76*.
San Salvador *53*.
Sardaigne 61.
Sarmates 46.
Saumur 71, *99, 99, 101*, 118, 128.
Scythes *45*, 46, *46*.
Sedan 89.
Selle 47, 48, *48*, 49, *49, 50, 51, 53*, 74, *91*, 111.
Serednij Stog 31.

CRÉDITS PHOTOGRAPHIQUES

Serres, de 61.
Séville *69.*
Shan, dynastie *25.*
Shetland (race) *81.*
Shire (race) *43,* 77.
Sibérie 42, 58.
Smolensk *15.*
Société d'encouragement pour l'amélioration des races chevalines 83.
Solutré 15, 26, *27.*
Somalie *31.*
Sonora, Indiens du 19.
Standard 75.

Stud-book 74, 75.
Suffolk punch (race) 42, 77.
Syrie *31.*

T

Tarpan (tarpang) 13, 14, *14,* 15, *16.*
Teatino *18.*
Tennessee Walking Horse (race) *81.*
Théognis 113.
Thomas, K. 74.
Tibet *15, 31.*
Tiercé 105.

Toscan (race) *81.*
Toulouse (école vétérinaire) 76.
Tour-du-Valat 20.
Traité nouveau pour faire race de chevaux (de Adlersflügel) *66.*
Traité raisonné d'équitation (Aubert) 115.
Transylvanie 61.
Trotteur américain (race) *81.*
Trotteur français (race) *81,* 106.

Troussequin *48, 50.*
Turkestan *31.*
Turquie (Turcs) 61, 69, *73,* 92.

U-Z

Ukraine 14, 15, 25, 31.
Ur 37, *37.*
Versailles *100.*
Vienne *71, 100.*
Vinci, de 60.
Waterloo *55.*
Xénophon 98.
Zèbre 28, *28, 31.*
Zootechnie 69.

CRÉDITS PHOTOGRAPHIQUES

Ackermann & Johnson, Londres : 74, 75, 82, 114. Archives Gallimard : 15, 17, 19, 26, 27h, 26/27. Artephot, Paris : 56. Bibliothèque centrale du Museum, Paris : 16h, 16b. Bibliothèque du Palais Royal, Madrid : 18, 32/33. Bibliothèque nationale, Paris : 0-9, 14h, 29, 34, 44, 54h, 66h, b & m, 78h, 78b 79h, 79b, 113, 124/125, 127h, 130, 131, 132. Bob Langrish : 20/21h, 21, 100h, 101h, 104h, 104b, 105b, 106/107, 110h, 110b, 111g, 136, 138/139. British Library, Londres : 41. British Museum, Londres : couv. 2ᵉ plat, 28h, 36/37h, 36/37m, 45. Bulloz, Paris : 127b. Campagne, Campagne/Bouchard, Paris : 102. Charmet, Paris : 134. Christies, Londres : 43, 59b. Coll. Part. : 28b. Connaissance du Val-de-Marne/Gilles Bec : 61b. Contact Press Image/Grinker, Paris : 20/21b. Dagli Orti, Paris : 13, 25, 35, 46h, 46b, 47b, 48h, 60h, 61h, 73h, 73b, 91. D.R : 24, 49, 60b, 67b, 68, 80/81, 86/87, 99. Editions Lavauzelle : 147, 148h, 148b, 149h. Gamma/Caron, Paris : 111d. Giraudon, Vanves : 84/85. Grilly, Paris : 22/23. Hall of Fame of the trotter, Goshen, New York : couv., 1ᵉʳ plat. Laurioux/ENE, Saumur : 70, 98, 119, 120/121, 128, 129, 151. Leeds City Art Galleries : 55. Manchester City Art galleries : 38/39. MAS, Madrid : 48/49. Michaux, Paris : 11, 93h et b, 92h et b. Musée des Beaux-Arts, Lyon : 42/43. Musée du château, Saumur : 30h, 30d, 31g, 40h, 40b, 40/41, 50/51 (2-5), 52/53 (1-8), 57, 58h, 58b, 59h, 62/65, 71, 116. Musée de l'Homme, Paris : 33. Musée de la Ville de Paris, Spadem : 122. National Horsemuseum, Newmarket : 75. Nature/Ferrero, Chamalières : 23b. Peter Jackson, Londres : 88/89. Peter Newark's American Pictures, Bath : couv. dos, 20/21m, 32/33, 72, 72/73. Presse sports, Issy-les-Moulineaux : 103, 108hg (Fol), 108hd (Fol), 108b, 109 (Empics) Rapho/Pavlovsky, Paris : 100/101. Rapho/Weiland, Paris 100. RMN, Paris : 30b, 31h, 84, 85. Richard Green Gallery, Londres : couv., 1ᵉʳ plat, 74. Roger Viollet, Paris : 14b, 89, 90, 90/91, 123, 126. Sally Anne Thompson Animal Photography, Londres : 12, 135. Scala, Florence : 76/77, 82/83hb, 142, 145. Syndicat des éleveurs de chevaux : 149b. Tate Gallery, Londres : 78/79. Tempsports/Roszniewski, Paris : 105h. Van Dystadt, Paris 112. Werner Forman Archive, Londres : 47h, 50/51-1. Willbie, Animals Photography, Londres : 22b, 23c. Wilton Estate, Salisbury : 94/97.

ÉDITION ET FABRICATION

DÉCOUVERTES GALLIMARD
DIRECTION : Pierre Marchand et Elisabeth de Farcy.
GRAPHISME : Alain Gouessant. FABRICATION : Violaine Grare. PROMOTION : Valérie Tolstoï.
LE CHEVAL, FORCE DE L'HOMME
ÉDITION : Jeanne Hély. MAQUETTE : Roberta Maranzano (corpus) et Dominique Guillaumin (Témoignages et Documents). ICONOGRAPHIE : Suzanne Bosman et Jeanne Hély.
INDEX : Suzanne Doppelt. LECTURE-CORRECTION : Pierre Granet et François Boisivon.
PHOTOGRAVURE : W Digamma. MONTAGE PAO : Ductus et Dominique Guillaumin.

Table des matières

I. CHEVAUX SAUVAGES ET CHEVAUX ENSAUVAGÉS

14 Tarpan et Przewalski
16 L'Amérique redécouverte
18 Chevaux marrons
20 Sauvages ou domestiques
22 Pottocks, brumbies, camargues

II. UNE DOMESTICATION TARDIVE

26 Chasse sélective
28 Le cheval et ses cousins
30 L'évolution du cheval

III. LE CHEVAL AU TRAVAIL

36 L'attelage antique
38 Course de chars
40 L'attelage moderne
42 Rouliers et laboureurs

IV. LE TEMPS DES CAVALIERS

46 A cru et sans pédales
48 Du marchepied à l'étrier
50 *Sellerie*
52 *Des mors et des étriers*
54 De taille et d'estoc

V. LE CHEVAL DES SAVANTS

58 L'art de la ferrure
60 Les premières écoles vétérinaires
62 *Le réalisme au service de l'anatomie*
64 *Un fondateur de l'hippologie*
66 Naissance des haras
68 Zootechnie équine

VI. CULTURES ÉQUESTRES

74 Les premiers pur-sang
76 Le cheval en son palais
78 Le type idéal
80 Tableau des principales races
82 les premiers hippodromes
84 *Le galop volant*
86 *Les leçons de Muybridge*
90 Le cheval à tout faire
93 Peuples de cavaliers
94 *La haute école*
96 *Chevaux de rois*
98 Militaires ou cavaliers ?
100 Entre mécanique et psychologie

VII. L'ÈRE DU CHEVAL DE LOISIR

104 Toujours plus vite
108 Toujours plus haut
110 Toujours plus près

TÉMOIGNAGES ET DOCUMENTS

114 De la tenue du cavalier
116 La querelle d'Aure-Baucher
118 Sur des chevaux de bois ?
122 Paris à l'heure du cheval
128 Milady
130 Le tact équestre
132 Monstres
134 Chevaux de fond
136 Le prince des chevaux
142 Le Palio
146 Petit glossaire illustré
152 Annexes